面白すぎて時間を忘れる心理テスト

中嶋真澄

三笠書房

フシギなフシギな心の「秘密の扉」。
心理テストは、この扉を開けるカギ。
扉の向こうを覗いてみたら、
〝知らなかった自分〟が待っている!?

☆はじめに……"自分"と"あの人"の心理分析ができる50問！

私たちの心は日々、揺れ動いているものです。

昨日の私と今日の私は、はたして同じ自分でしょうか？

「あのとき、なぜあんなことを言ったのだろう？」

「どうして、あんなことをしたのだろう？」

自分でも、わからなくなることは、ありませんか。


その一方で、「私はこういう人」と確信を持てるところもあるでしょう。たいていの人は、自分のことは自分が一番よく知っていると思っているものです。なのに、「人からどう見られているのだろう？」「どう思われているのかしら？」と、気にする部分もありますね。

一人の人の中には、いろいろな面があります。ジグソーパズルのように、そのさまざまな面が合わさって、一人の人の姿が浮かび上がってきます。

しかも、人の心は平面ではなく、立体パズルのようなもの。それだけ、複雑に入りくんでいます。

私たちの心は複雑。複雑だけど面白い。
いや、複雑だからこそ、面白いと言えるのかもしれません。

その複雑な心を探るために、50問のテストを用意しました。その一つひとつが、あなたの性格の一面を切り取っています。

そこから、**「私ってこんな人だったの?」**という、これまで思いもよらなかった意外な自分が浮かび上がってくるかもしれません。

逆に、**「やっぱり、思っていた通りだった!」**という自分もいることでしょう。

心理テストは、テストと言っても、正解・不正解があるわけではありません。どんな答えが出ても、ＯＫです。

「普通の私」も「変な自分」も、「よい子の自分」も「困った私」も、全部ひっくるめて、**「これが私！」**と、余裕を持って眺めてみてください。

そして、気になるあの人、友人、恋人、家族など、仲間と一緒に楽しんでください。

それでは、**面白すぎて時間を忘れる心理テスト**、始まりです！

パーソナリティー研究家　中嶋真澄

もくじ

1章

コンプレックス、ストレス耐性、精神年齢まで――

気づかなかった「本当の自分」が映し出される！

2章

「あなた」と「あの人」の恋のゆくえは?

気になる相性、浮気度、束縛度までズバリ当たる!

3章

相手との〝心の距離〟を縮めるコツがわかる！

たとえば好感度アップの方法、ライバル意識、二重人格度……

4章

一問答えるごとに、未来が開けていく！

世渡り上手度、サバイバル能力、壁の壊し方……

イラストレーション✧加納徳博

1章

コンプレックス、ストレス耐性、精神年齢まで――

気づかなかった「本当の自分」が映し出される！

Test 1

目が覚めたらベッドに見知らぬ異性が……!?

ある朝、目が覚めると、
見知らぬ異性とあられもない姿でベッドの中に。
でも、あなたは前の晩のことをまったく覚えていません。

「目が覚めた?」と微笑みかけてきた相手を見ると、
なんと、あなた好みのものすごいイケメン(美女)!

あなたはそのとき、どんな反応をした?
状況を想像して、答えてみてください。

Ⓐ寝たふりをして顔を隠した

Ⓑ相手をしっかり抱きしめた

Ⓒ起きて服を着ようとした

Ⓓ「おはよう」とあいさつした

Test 1 診断

イケメン（美女）への反応から、あなたが

「〝予想外の幸運〟に恵まれたときの反応」がわかります

あなたの傍《かたわ》らに身を横たえるイケメン（美女）は**思わぬ幸運の象徴**です。そこでとったあなたの行動から、**予期せぬ幸運に恵まれたときのあなたの反応**がわかります。

Ⓐを選んだ人……〝じわじわ〟喜びを実感するタイプ

最初はどうしていいのかわからず戸惑ってしまうタイプ。まず、自分の中に引きこもり、これはどういうことかと考えます。そして、納得するとようやくじわじわと嬉しさがこみあげ、口元がゆるんでくるのでしょう。すぐには実感がわかないので、降りかかった幸運に気づかずに、やり過ごしてしまうこともありそうです。

Ⓑを選んだ人……大興奮！　すぐに有頂天になり大喜び

すぐに有頂天になり舞い上がってしまうタイプ。手にした幸運は人の何倍も味わい尽くすことができる幸せな人。その反面、しばらくするとその幸運も当たり前のように思えてきて、もっといいことがあっていいはずと、さらなる幸運を期待するようになります。すると、せっかく手にした幸運も色あせて、倦怠《けんたい》が忍び寄ることが……。

Ⓒを選んだ人……「どうして自分に⁉」かえってネガティブ思考に

あなたは予期せぬ幸運に恵まれると、かえって不安になってしまうよう。「この幸運に恵まれたばかりに、何か悪いことが起こるのでは……」などとネガティブな想像が働き、心配になってしまうタイプ。せっかく手に入れた幸運を手放したくないので、そのことを誰にも話さないなど守りに入り、秘密主義になってしまいそう。

Ⓓを選んだ人……「自分が幸運なのは当たり前」とクールに振る舞うタイプ

本心とは裏腹に平静を装うタイプ。こんなことで有頂天になってはいけないと、冷静に振る舞おうとするでしょう。そうするうちに、自分の身に降りかかった幸運は幸運というより、〝自分の努力の賜物《たまもの》〟と思うように。そして「幸運をゲットできない人は、努力が足りないからだ」などと強者の論理を振り回しそう。

Test 2

ずっと追いかけていた犯人を逮捕した刑事の「決めゼリフ」は？

あなたは刑事ドラマの主人公。
ずっと追っていた犯人を捕まえ、
ようやく事件が解決したラストシーン。

犯人が連行されていく、
その後ろ姿を見送りながら、
あなたはどんな「決めゼリフ」をつぶやいた？

Ⓐ「何もかも、自業自得だな」

Ⓑ「罪を憎んで人を憎まず、か」

Ⓒ「また同じような事件が起こるかもしれない」

Ⓓ「さあ、次の事件が待っているぞ」

Test 2 診断

刑事の決めゼリフから、あなたの「生き方の美意識」がわかります

物事を解決した後の「決めゼリフ」＝過去との決別の仕方から、あなたの**生き方の美意識**が垣間見えてきます。そこから、あなたが**人からどう見られたいか**がわかります。

Ⓐを選んだ人……「自立している人」になりたい

よいことも、残念な結果も、自ら引き受ける態度をよしとするあなたは、自分は甘えた人間でなく、強い人間だと思われたいタイプ。すべてを自己責任で行ない、他人に頼ることを潔しとしません。そんな自尊心こそ、あなたの心の背骨。もちろん、他人も自分と同じように、自立した生き方をすべきだと考えています。

Ⓑを選んだ人……「優しくて心の広い人」になりたい

自分の周りには基本的に悪い人はいない、たいていの人はいい人だと思う（思いた

い）あなたは、多くを許せる人。親切で思いやりがあり、優しい人だと思われたいのです。自分は人には甘えたくないと思っているけれど、人には甘えてほしいようです。他人のワガママは受け入れても、自分のワガママはいけないと思っています。

Ⓒを選んだ人……「信頼できる誠実な人」になりたい

過去を振り返るより、先のことを心配するあなたは誠実で真心があり、信頼できる人と思われたいタイプ。ルールや約束事を大切にします。そして自分の仕事や役割を、きちんと果たそうとするので、目上の人や先輩などから、かわいがられるでしょう。

Ⓓを選んだ人……「明るく前向きな人」になりたい

過去を振り返らず、ポジティブな気持ちで未来に向かっていけるあなたは、明るく面白い人だと思われたいタイプ。自分はいつもハッピーでいたいし、人からも幸せな人だと思われたい。嫌なことはさっさと忘れて根に持たないようです。誰とでも分け隔てなく、目上の人とも、目下の人とも、フランクに付き合える人です。

Test 3

元恋人からの高価なプレゼント、いくらで売れる？

恋人から高価なアクセサリーを
プレゼントされました。
でも、その後すぐに恋人は、あなたを捨てて
他の人のもとに行ってしまいました。

あなたはそのアクセサリーを
ネットオークションで売ることにしました。

さて、いくらで売れたでしょう？

23　気づかなかった「本当の自分」が映し出される！

Ⓐ思った通りの値段で売れた

Ⓑ思っていたより安くしか売れなかった

Ⓒ思っていたより高く売れた

Test 3 診断

アクセサリーの値段から、あなたの「失敗の受け止め方」がわかります

別れた恋人からもらったアクセサリーの値段をどう見積もるかは、あなたが**過去の失敗とどう折り合いをつけるか**を表わしています。そこで、あなたの仕事や人間関係での失敗の受け止め方を診断しましょう。

Ⓐを選んだ人……失敗を引きずらず「教訓」にできる人

あなたは「失敗は失敗」と、比較的冷静に受け止められる人。そして、その失敗の原因を知ろうとするでしょう。それがわかれば、今度は同じ誤ちを繰り返さないよう、気をつけるはず。過去の失敗を引きずるのではなく、「教訓」にできる人です。それでも、似たようなミスをすることはあるかもしれませんが、経験値が上がっていくにつれ、失敗は少なくなっていくはず。

Ⓑを選んだ人……いつまでも悔しがるわりに「またやっちゃった」が多いタイプ

あなたは失敗すると、とにかく悔しい気持ちになる人。舌打ちしたり、じだんだ踏んだりしたくなるはず。「失敗したら何の意味もない」という気持ちが強く、それだけにミスした自分を許せないという思いも強いのでしょう。一度失敗したら、二度と同じ失敗は繰り返したくない。「同じ失敗を繰り返すのはバカだ」と思っているようです。にもかかわらず、「ああ、またやっちゃった」というような、そそっかしい面もありそう。

Ⓒを選んだ人……「いい経験だった！」と目をそむけがち!?

あなたは失敗を失敗と認めない人。それは失敗ではなく、「次の成功のためのステップ」だとか、「いい経験だった」と考えるかもしれません。それだけ物事を前向きにとらえていると言えなくもないですが、失敗を認めてしまうと、自分の価値が下がるような気持ちになるのでしょう。潔く誤ちを認め、どこが悪かったかを理解することも必要。それがさらなる飛躍につながるはずです。

Test 4

おもちゃの入ったカプセル。中から出てきたフィギュアは？

コインを入れて回すと、
おもちゃの入ったカプセルが
出てくるゲームがあります。
子ども心に返ってやってみたあなた。
カプセルの中からは、
動物のフィギュアが出てきました。

机の上に飾っておこうと思ったその動物は、
次のうちのどれ？

27　気づかなかった「本当の自分」が映し出される！

Ⓐ トラ

Ⓑ ウマ

Ⓒ ウサギ

Ⓓ イルカ

Test 4 診断

カプセルの中の動物から、あなたの
まだ気づいていない「美質」がわかります

カプセルの中に入っている動物は、**あなたの中にある美質**を表わしています。もしかしたら、あなたはまだその美質に気づいていないかもしれません。

Ⓐ を選んだ人……**キラキラした「天真爛漫」さが魅力**

トラを選んだあなたは幼い子どものように、純真で無邪気なところのある人。実は傷つきやすいハートを隠し持った人です。もしかしたら、そんな自分を守るために、人前では強がっているのかもしれません。もっと心をオープンにして、天真爛漫に振る舞っても大丈夫。きっと周りには、人がたくさん集まってくるようになるでしょう。

Ⓑ を選んだ人……**思慮深く道理をわきまえた〝大人〟**

ウマを選んだあなたは良識があり、大人の思慮分別を兼ね備えた人。物事の道理をわきまえ、何事もきちんとやっていけます。自分では欠点や至らないところが多いと感じているかもしれませんが、周りの人が見習いたいと思う賢さがあります。あなたはこれ以上、頑張らなくても大丈夫。自分にOKサインを出してあげましょう。

Ⓒを選んだ人……〝土壇場〟では勇敢に行動できるタイプ

ウサギを選んだあなたは、勇気と誠実さを兼ね備えた人。自分では優柔不断だとかナイーブだと思っているかもしれません。でも、不安や心配を感じやすい人ほど、土壇場では誰よりも勇敢に行動できるもの。「自分のため」と思うと緊張しがちですが、「これが自分の務め」「みんなのため」と考えると、うまくやり遂げられる人なのです。

Ⓓを選んだ人……周囲を癒す「癒し」パワーの持ち主

イルカを選んだあなたは、いつも前向きでいられる人。周りの人を元気づけ、自信をなくした人や疲れた人を癒してあげられるでしょう。一方で、面倒なことは避け、嫌なことやつらいことからは逃げ出したい気分になることも。でも、「何でもこい！」と引き受ければ、かえって気持ちはラクになり、スムーズに物事が運ぶはず。

Test 5

なぜか、はさみを二つ持っているあなた。その理由は——？

あなたは、なぜか
はさみを二つ持っています。
「どうして二つもあるの？」
と友人に聞かれたあなたは、
何と答えた？

Ⓐ「なくしたと思って
買ってきたら、出てきた」

Ⓑ「新しいのに換えようとしたけど、
やっぱり古いほうも捨てられなくて」

Ⓒ「デザインがかわいかったから、
もう一つ買っちゃった」

Ⓓ「何を切るかで、使い分けているんだ」

Test 5 診断

はさみを二つ持つ理由から、あなたの「人をイラッとさせる部分」がわかります

「同じものを二つ持つ」というのは、一見するとムダな行為。それをする理由から、あなたが**人をいらだたせてしまいがちなポイント**がわかります。

Ⓐを選んだ人……KYなのに〝妙な存在感〟が癇《かん》にさわる!?

あなたは一つのことに没頭しやすいタイプ。何かに夢中になると、「やるべきこと」を忘れたり、心弾まない約束をすっぽかしたりしているのでは？　実は常識に欠ける面があり、当たり前の礼儀やマナーに少し無頓着なところも。なのに、変に〝濃い〟感じの存在感がある。どうも、そのあたりが、人をイラッとさせるみたいです。

Ⓑを選んだ人……マイペースすぎて〝鈍感〟と噂されているかも!?

あなたは自分の手の届く範囲を、ぬくぬくと快適にしておきたいタイプ。それは家

でも職場でも同じこと。何でも温存し、ためこんでおきたい人なのです。そのため物だけでなく、エネルギーの出し惜しみもあり、「自分から動いて人のために何かをやる」ことは苦手。それが、周りから「気がきかない」と思われ、イラッとされそう。

Ⓒを選んだ人……チャレンジ精神は旺盛。でも〝都合の悪いこと〟はスルー!?

あなたは、欲しいものはすぐ手に入れたくなる欲張りタイプ。何にでも貪欲で、あれもこれも欲しい、やってみたいという人。物事は何でも自分の都合のいいように解釈し、都合の悪いことはスルーします。一つ所にじっとしていられず、人の話をあまり聞いていなかったりして、落ち着きのなさにイラッとされそう。

Ⓓを選んだ人……〝コチコチ頭〟と〝上から目線〟はほどほどに!?

あなたは何をするにも「こうするべき」という基準があり、その基準に合わないものは認められず、頭から「ノー」と言ってしまうタイプ。しかも微妙に権威主義的で、偉い人の前では頭を低くして従うのに、自分より下と見なした相手には、〝上から目線〟でものを言いがち。そんなところが、人をイラッとさせる部分かも。

Test 6

旅先で撮った写真――“お気に入りの一枚”にトリミングするなら？

デジカメで撮った旅先の写真。
なぜか、たった一枚しかうまく撮れていなかったので、
その写真を編集することに。
美しい風景の中に、きれいに撮れた自分と
一緒に行った友達、そして見知らぬ人の姿も写りこんでいます。

この写真をどんなふうにトリミングしたら、
「お気に入りの一枚」になるでしょうか。

Ⓐ 人は全部カットし風景写真にする

Ⓑ 自分と友達を中心にもってくる

Ⓒ 自分の顔を中心にアップして引き伸ばす

Ⓓ 自分の姿を風景の中に小さく残す

Test 6 診断

写真のトリミングの仕方から、あなたの「客観度」がわかります

お気に入りの写真は、あなたが周りの世界をどう見ているかを表わしています。その世界の中に自分がいるかいないか、いるとすればどのような位置にいるかによって、あなたの世界観がわかります。そこから、あなたの「客観度」を診断しましょう。

Ⓐを選んだ人……いつでも冷静！　客観度★★★★★

あなたは物事を客観的に見られる人。自分の感情はあまり出さず、いつも冷静で淡々としたところがあるようです。一見、冷たい人のようですが、それは思慮深さの表われ。他の人が気づかないようなことまで見通せる鋭い観察眼の持ち主です。

Ⓑを選んだ人……気配りはピカ一！　客観度★★

あなたは人に気配りのできる人。他人の気持ちを気遣い、自分のことより相手のこ

とを考えて行動します。ちょっとお節介なところがありますが、それは優しさの表われで、とりわけ困っている人には同情的。そんな情の深さゆえに、気持ちが先走り、客観的な事実を見逃す可能性があります。

Ⓒを選んだ人……アピール上手！　客観度★★★

あなたは人前で自分の持っている魅力や能力を最大限に発揮し、アピールできる人。常に他人の目を意識し、演じているところがあります。自分がほめられたこと、心地よいことは受け入れますが、都合の悪い事実は無視してしまうかも。

Ⓓを選んだ人……繊細なロマンチスト　客観度★

あなたは感受性が豊かで繊細な人。何気ない日常の中にも、美しいものや感動するものを見出し、「人生そのものが芸術」であるかのように味わえる人です。あらゆる体験に意味あるストーリーを見出し、表現する能力の持ち主。ただし、ものの見方が主観的になりがちで、客観性に欠ける面があるようです。

Test 7

セレブの女性に囁かれている「気になる噂」は？

起業家として成功し、
「今、一番輝いている女性」と
賞賛される女性がテレビに登場。

彼女はあなたと同年代、かつ美人で独身。
誰もが憧れるセレブな生活を送っています。
彼女をやっかむ人々はこんな噂を――。

さて、あなたが思わずうなずいてしまった
その噂とは？

Ⓐ「背後に男がいるらしい」

Ⓑ「家が金持ちなんだって」

Ⓒ「かなり性格が悪いらしい」

Ⓓ「つらい過去があるらしい」

Test 7 診断

セレブ女性の「噂」の内容から、あなたの**意識していない「コンプレックス」がわかります**

他人の成功を目の当たりにすると、誰でも何となく気持ちがざわついてくるもの。その背後には、あなたが普段あまり**意識していないコンプレックス**が隠れています。そのコンプレックスに気づけば、もやもやを吹っ切り、心の自由をもっと手に入れられるはず。

Ⓐを選んだ人……「愛情」にコンプレックスあり

あなたは「他人の幸せ」が「自分の不幸」を浮き彫りにすると思いがちな人。幸せにまつわるコンプレックスを抱えているようです。心密かに、自分は幸せになれないのではないかと恐れているところがあります。

「幸せな人とは、好きな人から愛され、守られている人」——あなたは、自分にはそんな相手がいないと感じているのでは？　たとえ、恋人やパートナーがいたとしても、どこか心に満たされない思いがあるのかもしれません。

もともと行動力のあるあなたですから、自分が人をリードし、人から頼られる仕事や、何か生産的な活動を続けるとよいでしょう。そんな活動を通して、あなたは周囲にとって、「なくてはならない人」になれるはず。同時に、みなから愛されている実感が持て、〝幸せコンプレックス〟も消えていくでしょう。

Ⓑを選んだ人……「学歴、肩書」にコンプレックスあり

あなたは「他人の成功」は自分の地位を低めるものと考えてしまう人。つまり「自分の価値」にコンプレックスを抱えています。

自分のスペック（学歴、職歴、年収など）よりも上か下か、といった基準で人を判断しているところがありそう。だから、他人の外見的魅力や学歴、地位、肩書、職業、収入などが気になって仕方ないようです。心密かに、自分が価値の低い人間とみなされることを恐れています。それで、人前で見栄を張ったり、いい格好をしようとする傾向があるのかも。

目標達成のためには、きちんと計画を立てて、しっかり頑張れるあなたですから、ステップアップのための目標を設定し、効率よく努力しましょう。目標に近づくために、憧れの人物の態度や仕事ぶりを真似てみるのも、いいかもしれません。

Ⓒを選んだ人……「能力、行動力」にコンプレックスあり

あなたは活発で有能な人を見ると、「自分は無能な人間だ」と落ち込みがちな人。それだけ、自意識が強いのかもしれません。あなたは自分の能力と行動力に関するコンプレックスを抱えています。

頑張っている人を遠目に眺めながら「よくやるよ」とか、「自分は恥ずかしくて、あんなことはできない」などと言っていることがあるのでは？「どうせ、自分はダメだから」などと、初めからあきらめたような、投げやりな態度をとることもあるかもしれません。

けれども、本来は集中力があるあなた。好きなことを始めれば長続きするはずですから、ぐずぐずしないで行動を起こしましょう。何をやるにも、余計な羞恥心は捨てたほうがうまくいくはず。

Ⓓを選んだ人……「個性、感受性」にコンプレックスあり

あなたは少しのことを大げさに受け止めがちな人。刺激に反応しやすい人だともいえます。自分と他人との「違い」に敏感で、自分の個性にまつわるコンプレックスを抱えているようです。

「どうせ、自分のことなんて、みんなに理解してもらえない」と思うところがある反面、「もっと自分のことを人に理解してほしい」というアンビバレンツな気持ちも人一倍強いよう。人に過度に気を遣ったり、人間関係で神経質になりやすいところも。

もともと人生を「味わい深いもの」として受け止める感性のある人です。自分の感じ方や考え方をブログに書いてみたり、何か自己表現につながる創作活動をしてみましょう。そうした活動を通じて、人とのつながりができるといいですね。

Test 8

「携帯をなくしたかも!?」一番最初に心配することは？

あなたの携帯電話が見つかりません。
「もしかして、外出先で
どこかに置き忘れたのかも……。
見つからなかったらどうしよう」

そう考えたとき、
まず第一にあなたの頭を
よぎったのは？

Ⓐ「個人情報が筒抜けになってしまうかもしれない」

Ⓑ「誰かに勝手に使われて法外な料金を請求されるかも……」

Ⓒ「友人知人から電話やメールが入っているかもしれない」

Ⓓ「見つからなかったときの手続きがいろいろ面倒そうだ」

Test 8 診断

携帯をなくしたときの関心事から、あなたの

人に与える「第一印象」がわかります

携帯電話はコミュニケーションのための道具。それがなくなったときに、あなたの心によぎったのは、「人付き合いで一番気にしていること」。そこから、あなたの**「第一印象」と「人からどう見られやすいか」**がわかります。

Ⓐを選んだ人……「真面目で堅苦しい人」と思われがち

個人情報が漏れることが気になるあなたは、安心安全でいたいという気持ちの強い人。ちょっぴり秘密主義的なところもあり、自分の世界やプライバシーを守ろうとします。人前に出ると緊張しやすい、人見知りなところがあるのでは？

そのため、どことなく打ち解けにくいと感じさせ、第一印象では真面目で堅苦しい印象を与えてしまうことも。初対面の相手とも会話が続くよう、その日の天気やニュースで話題になっていることを、自分から会話に取り上げてみると、コミュニケーシ

ヨンもスムーズになります。根は誠実な人と、好感を持たれるでしょう。

Ⓑを選んだ人……「〝オレ様（女王様）〟キャラ」と思われがち

まず第一にお金のことが気になるあなたは、現実的なものの見方ができる人。人前では物怖じせず、自分の思ったことをはっきりと口にし、行動できるようです。ただ、協調性はあまりなく、人に合わせるのが苦手かもしれません。第一印象では、わりあい「自分に自信のある人」と見られそう。いつも「私が」「オレが」と一人称単数の主語を使って話していませんか？

人との会話では、もう少し聞き役に回り、「へえ、そうなんだ」と相づちを入れながら相手の話に耳を傾けると、「思っていたより、いい人なのかも」と好印象を持たれます。

Ⓒを選んだ人……「おせっかいな人」と思われがち

何か連絡が入っていないか気になるあなたは、人から必要とされたいという気持ちの強い人。自分のことより、他人のことを考えて行動しているところがあるようです。

いつも周囲に気を遣っているところがあるのでは？

第一印象では、社交的で、人付き合いに慣れた人と見られていそう。親切のつもりでやってあげたり、人のためと思ってしたことが、余計なおせっかいや押しつけと受け取られていることはありませんか？　思いついたことを何でも口にするのではなく、一呼吸おいて、ほんの少し慎重に言葉を選んでから話しましょう。

Ⓓを選んだ人……「ちょっと愛想のない人」と思われがち

手続きが面倒と思ったあなたは、日々の生活にあまり波風を立てたくない人。人間関係のストレスを抱えるくらいなら、誰とも付き合わないほうがましと感じているのでは？　自分は人付き合いがうまくなく、不器用なタイプと思っているのかも。第一印象は、あまり愛想のない人に見られがち。

とはいえ、「悪い人ではなさそう」とも思われているようです。印象をよくするために、意識して人に笑顔を向けるようにしてみては？　鏡の前で口にペンや箸をくわえて口角をあげる練習をしてみると、笑顔がもっとチャーミングになりますよ。

Test 9

素敵な恋人――愛さえあれば許せるただ一つの欠点は？

あなたにはすばらしい恋人がいます。ただ、彼（彼女）には、一つだけ欠点が……。あなたは愛さえあれば、それは許せると思っています。それはどんな欠点でしょうか？

Ⓐ 粗野でお行儀が悪い

Ⓑ 気まぐれで気分屋

Ⓒ 見栄っぱりで自慢話が多い

Ⓓ 無口で気がきかない

Test 9 診断

愛さえあれば許せる恋人の「欠点」から、あなたの

「金銭感覚」がわかります

あなたが「許せる」と思う恋人の欠点は、あなた自身の中にもある**性格の要素**です。それがどういうものかによって、あなたがどんな価値観の持ち主であるかがわかります。その価値観は、あなたの金銭感覚にも反映されているもの。ここではあなたの**金銭感覚**を診断しましょう。

Ⓐを選んだ人……「お金＝権力」！　見栄っぱりで苦労しがち

あなたは権力や権威に対して反抗的で、目上の人への反発心は相当なもの。人や状況に支配されることに抵抗し、何でも自分の力でコントロールしたい人。お金は権力の象徴と思っていて、「お金があれば、人や物事を自分の思い通りにできる」と考えます。

仕事も多くの報酬を手に入れるために、ハードワークも苦にしません。しかし、ケ

チな人間だと思われたくないので、大物ぶって人におごったり、あればあるだけ使ってしまう傾向があるようです。そこそこ稼いでいるのに、「給料日前はいつもピンチ！」な状況に追いやられる可能性があります。先のことを考えて、「節約」ライフを実践し、自動的に貯まる貯蓄預金をするなど、コツコツお金を貯めましょう。

Ⓑを選んだ人……「その日暮らし」なキリギリス・タイプ

あなたは「自分はお金のことになんて、わずらわされたくない！」と思っている人。「食べるために働く」とか、「お金を稼ぐために仕事をする」なんて、自分には向かないと思っているようです。

とくに、成金趣味的なものが嫌いで、金銭的な価値でははかれない美しいものや、自分の感性にあった趣味のいいものを求めます。普段はあまりお金を使いませんが、趣味のものにはバーンとお金をかけて贅沢品を手に入れることも。そのために、日々の食費を削ることになっても「全然へっちゃら」なところがあります。

要するに、あまり経済観念がないのです。結婚している人であればお金の管理はパートナーに任せ、ときどきは自分でも経済状態を確認する、というのがベストな選択。

Ⓒを選んだ人……お金への執着強し！　あふれる野心を上手に活かして！

あなたは経済的に豊かな暮らしができることを望んでいる人。「仕事で成功すれば、それだけ収入も上がるはず」と、野心的に働くでしょう。また、社会的地位や肩書を手に入れるために、一生懸命に努力します。

女性の場合、財産のある人と結婚し、玉の輿に乗りたいという願望もかなりのもの。投資に興味があり、効率よくお金を増やしたいと思っていることでしょう。損得勘定がはっきりしていて、少しでも自分の得になるようなお金の使い方をします。安く買ったものを高価そうに見せるのも上手。

経済観念は発達していて、「自分の得にならないことは一切やらない」という割り切りのよさは長所ではあるものの、たまには社会に貢献すべく、寄付などをするのも人間性の幅が広がってよいかもしれません。

Ⓓを選んだ人……「プライスレスな価値」が大事！　でも意外に貯金はたっぷり

あなたはあまり欲がなく、お金には執着しない人。自分の仕事や興味のあることをコツコツ続けていけたら、それでいいという感じなのかもしれません。

自給自足的な牛活が性に合っていて、少ないものでも上手にやりくりできるようです。物やお金に関して執着は少ないのですが、けち臭くため込んでいるようなところがあります。〝気前よく散財〟なんて、滅多にしなさそう。そのため、地味に見えてお金をたんまり持っていたり、いつの間にかお金が驚くほど貯まっていたり……なんてことがありそうです。

ただ、たまに「なぜ、あんなものにお金を出すのだろう」と他人が思うようなコレクションやマニアックなものに、お金をかけることがあるかもしれません。人付き合いを円滑にするために、たまにはお土産や差し入れなどを買って行ったり、おごってあげたりしましょう。

Test 10

はるか沖のほうに浮かぶ船の行き先は……?

あなたは、丘の上から
海を眺めています。
はるか沖のほうに
船が浮かんでいるのが見えます。

その船はどちらに向かって
動いているでしょうか?

A 水平線のかなたに遠ざかっている

B 陸に向かってだんだん近づいてきている

C 水平線と平行に左に向かって進んでいる

D 水平線と平行に右に向かって進んでいる

Test 10
診断

沖に浮かぶ船の行き先から、あなたの「ロマンチスト度」がわかります

沖に浮かぶ船の行方をどう見るかで、あなたが過ぎた日々や未来に対してどんな思いを抱いているかがわかり、そこから**どんな「ロマン」を追うタイプか**がわかります。

Ⓐを選んだ人……感傷的な「芸術家」タイプ

あなたは、手の届かないものに憧れるロマンチスト。過ぎ去った日々は、どこか切なく美しい思い出として感じるでしょう。また、スターや物語の中の人物など、自分とはかけ離れた人に憧れる気持ちも強いよう。感傷的な、芸術家的気質の持ち主です。

Ⓑを選んだ人……明日に夢見る「冒険家」タイプ

あなたは、いつもワクワク、ドキドキしていたい情熱家。過去のことよりも、これから先にどんなことが待っているか、未来に期待する気持ちの強い人です。普段の生

活でも、自らエキサイティングな体験を求めていく傾向が強いようです。あなたはまさに、冒険家のようなロマンチストです。

Ⓒを選んだ人……頭の中で長編ファンタジーが広がる「空想家」タイプ

あなたはいつも、心地よい空想の世界に浸っている人。仕事や勉強、家事をしているときに、ふと意識がそこから離れて、「気がつくと、ぼうっとしていた」ということがあるのでは？　現実生活では、あまり感情を揺さぶられるような激しい体験や人間関係は求めず、冒険もしないでしょう。しかし、心の中では〝長編ファンタジー〟を思わせる雄大なドラマが展開しているのです。

Ⓓを選んだ人……今すべきことに集中する「リアリスト」タイプ

あなたは現実の出来事に関心を向けるリアリスト。過ぎ去った日々や先のことをあれこれ考えるより、「今、自分がしなければならないこと」に専念しようとするでしょう。「ぼうっとするなんて、時間のムダ」と考えています。その反面、自分とはまったくタイプの違う、想像力豊かでクリエイティブな人に憧れる面も。

Test 11

友人からメールの返事がこない
——さてどうする？

友人と久しぶりに会って、
晩御飯を食べる約束をしていました。
当日、確認のメールを
入れることになっていたので、
あなたから友人にメールを送りました。

でも、午後三時を過ぎても返事がきません。
あなたの反応は？

Ⓐ 無視されたと思い、傷つき落ち込む

Ⓑ 「どうなってるの？」と電話してみる

Ⓒ 連絡がなければ、「自分の時間ができた」と思い、そのままにしておく

Ⓓ 他の友達に連絡して「出てこない？」と誘う

Test 11 診断

返ってこないメールへの対応から、あなたの「精神年齢」がわかります

返事のこない友人にどう対応するかで、**あなたの精神年齢**がわかります。

Ⓐを選んだ人……ナイーブで繊細な「思春期」

精神年齢については、まだまだ〝悩み多きお年頃〟のあなた。メールの返事がこなかったことで無視されたと思うのは、自意識過剰ぎみのときによくある反応。思春期は、まさに自意識が過剰になりやすい時期。物事を客観的に受け止められず、何でも自分にひきつけて考えてしまいます。しかも、気分の浮き沈みが激しい時期です。

Ⓑを選んだ人……バランス感覚のとれた「大人」

現実的に行動するあなた。メールの返事がなかった場合、「もしかして、メールが届いていないのかも」「忙しくて返事を送れないのかな」「何かあったのか」と、いろ

いろな可能性について思いを巡らせ、実際的な行動をとれるのが大人です。いちいち感情的な反応をしていては大人になれません。

Ⓒを選んだ人……周りに流されない「老成した人」

人生を達観したところがあるあなた。メールの返事がこなかったぐらいで、心を悩ませることはありません。時の流れに任せて、淡々と過ごせるのが人生経験豊かで老成した人の特徴。老人は何があっても、あわてません。しかも、残された時間が少ないので、自分の時間ができたことを喜べるのです。

Ⓓを選んだ人……楽しいことに心が向く「子ども」

無邪気に遊ぶことだけを考え、これからの楽しみに心を奪われているあなた。メールの返事がこなかったことについて、いちいち思いを巡らせたりはしません。子どもは遊びに誘った友達に「遊べない」と言われたら、「じゃあ、違う子と遊ぼう」と考え、他の子を誘いに行くもの。あなたは大人になっても、子どものままの心を持った人なのです。

Test 12 「忘年会はどこでする？」みんなの意見が真っ二つに……

職場のみんなと忘年会をすることになりました。

会場と料理を何にするかで、
Aさんと Bさんの二人が、それぞれの意見を
強硬に押しています。

Aさんの案とBさんの案、どちらにするかということで
みんなに意見を聞くことになりました。

あなただったら、どんなふうに返事をしますか？

Ⓐ「どっちでもいいわ」と周りに任せる

Ⓑ「みんなはどっち？」と聞く

Ⓒ「私は○○○がいい！」とはっきり意見を言う

Ⓓどちらもそれほど気がすすまない

Test 12
診断

自分の意見をどう表現するかで、あなたの「ストレス対処法」がわかります

自分の意見をどう表わすかによって、**何かストレスに直面したときのあなたの身の処し方**がわかります。職場で突然、賃金カットされたり、契約更新を打ち切られたりしたときの、あなたの対応がわかります。

Ⓐを選んだ人……感情を押しこめ〝受身〟でひたすら耐える

人間関係に波風を立てたくないあなた。自分の心に葛藤を引き起こすのが嫌で、ことを荒立てたくないと思う人。誰も恨んだりはしませんが、自分から何か対策を講じようとはせず、結局、相手の言うがまま、運命に流されるままに……。そんな自分に無力感を覚えることとも。自己評価も低くなりがちです。

でも、心の奥にはかなりの〝怒りのマグマ〟がたまっているはず。その怒りにもすぐには気づかず、ずっと後になって「あのとき、すごく腹が立っていたんだ……」と

思い起こすことが。そんなあなたは、もっと自分に自信を持ち、怒りの感情を恐れずに相手に伝えてもいいかも。ストレスや葛藤とぶつかることを恐れず、立ち向かうべきときもあるのです。

Ⓑを選んだ人……失意の〝マイナス・スパイラル〟に陥りがち

会社や組織に対して忠実なところのある人。組織に属していることで安心感を得、自分はその一員であるということに誇りを持つタイプです。そして、その中で「自分の義務や責任はきちんと果たしている」という思いがあるはず。

そんなあなたが会社や組織から見捨てられる状況に直面すれば、「自分の居場所がなくなる」という不安感がふくらみ、猜疑心もつのるでしょう。そして、頭の中では悪いほうへ悪いほうへと妄想がふくらみ、自分から「最悪の結果」を招いてしまうことも。どこか信頼できる人、機関などに相談し、心の安定を取り戻すことが必要。

Ⓒを選んだ人……何があっても〝転んでもタダでは起きない〟！

臆《おく》せず自分を主張できるあなた。会社や組織から理不尽なことを言い渡されても、

「どうしてですか?」「どこが問題なのですか」と上司や担当者に問い詰めるタイプです。もし、相手がはっきりとした理由を返してくれなければ、自分に不利にならない結果を引き出すべく立ち回ります。

でも、長期にわたるストレスへの耐性は低く、相手がお茶を濁したり、のらりくらりとかわして長引かせるようなときには、「こんなこと、やってられない!」と、不利は承知で決着をつけてしまうことも。忍耐力を養うことも大事。

Ⓓを選んだ人……なんとなく脱力……そのまま沈んでしまうことも

嫌なことがあると、落ち込みやすいあなた。会社や組織から理不尽な扱いを受けた場合、気分が落ち込むと同時に、被害者意識を強く持つでしょう。もともと組織の一員であるという自覚は少なく、あまり未練もなく自分から去ってしまうことも。そして、「自分は普通の人のように、世の中でうまくやっていけないのかな」と〝引きこもりムード〟になりそう。気持ちを思い切って切り替え、もっと自分を活かせる場所を探すのもいいでしょう。

2章

「あなた」と「あの人」の恋のゆくえは？

気になる相性、浮気度、
束縛度までズバリ当たる！

Test 13

街角ですれ違った女性から
ふわりといい香りが……

ふとすれ違った女性から、とてもいい香りが漂ってきました。
それはどんな香りだったでしょうか？

Ⓐ ラベンダーの香り

Ⓑ フローラルブーケの香り

Ⓒ バニラ&パッションフルーツの香り

Ⓓ シトラス&ミントの香り

Test 13 診断

「いい香り」に対するイメージから、あなたの「恋愛傾向」がわかります

香りは本能を刺激するもの。「好きな香り」を知ることで、あなたの「恋の傾向」がわかります。

Ⓐを選んだ人……自然体でリラックスした付き合いができる人

ラベンダーはナチュラル志向の女性が好む香り。落ち着きがあり、精神的にある程度成熟した女性、自分自身の性的な欲求を自覚し、それを自然なものとして受け入れている女性です。真面目そうに見えるけれど、意外に大らかで、飲んだり食べたりするのも大好きといったタイプ。

あなたが男性なら、真面目で意志が強い女性に魅力を感じるようです。強い女性に叱られるのも悪くないと思っているのでは？

Ⓑを選んだ人……〝女磨きに全力投球！〟なフェミニンタイプ

フローラルブーケの香りは、女らしさを武器にできる女性の好む香りです。異性の目を意識し、ちょっぴり気取ったり、それとなく女としての魅力をアピールするタイプです。もちろん、おしゃれにはとても興味があり、恋の相手にも都会的でセンスのいい人がいいと思っているはず。

あなたが男性なら、連れて歩くと周りに自慢できそうな〝女らしい女性〟が、恋人に理想的と思っているのでは？　プレゼントなど、ちょっとお金はかかりそうですが。

Ⓒを選んだ人……無邪気で快活、でもどこかセクシーな人

バニラ&パッションフルーツは、エディブル（食べられる）なものの香り。これは無邪気なセックスアピールを感じさせるものです。こういう香りを好むのは、エネルギッシュで快活、自由奔放なところのある女性。あなたはそういう女性に憧れ、自分の中にもそういう部分があるのを感じ取っていることでしょう。

あなたが男性なら、性格がさばさばしていて、性的にもいくらか奔放なところのあ

る女性に魅力を感じるようです。後腐れのない関係を求めているのでは？

Ⓓを選んだ人……スマートで洗練された恋をするタイプ

クールでさわやかなシトラス＆ミントの香りは、知的で冷静な女性が好む香り。頭の中がクリアで、恋愛においても、あまり感情に溺れたりはしない人です。物事を客観的に見て、理解する能力の持ち主。

あなたが男性なら、やはりあまり感情的にならない、クールで対等に話のできる女性がよいでしょう。デートの誘いはきちんと段取りを踏んで、相手のスケジュールを確認しましょう。

Test 14

元恋人からの「結婚報告」メール——さてどうする？

以前、親密な関係にあった元恋人から、メールで「結婚します」という知らせが届きました。メールを読んだあなたは、その後どうしたでしょうか？

Ⓐ「お幸せに」とメールを送った

Ⓑ かつて二人で訪れた場所に行ってみた

Ⓒ ひたすら仕事に打ち込んだ

Test 14 診断

元恋人の結婚報告への反応から、あなたが
「本当の愛を手に入れるヒント」が見えてきます

あなたが選んだ答えは、愛を失ったときにあなたが自分の気持ちとどう折り合いをつけようとしているかを表わしています。そこから、あなたの愛し方・愛され方のクセがわかり、**「本当の愛を手に入れるためのヒント」**も見つかります。

Ⓐを選んだ人……「素直」になれば、もっと〝深いところ〟でつながれる！

あなたは自分は愛にあふれる人だと思っているよう。自分は愛する側、愛を与える側の人間だという思い込みがあります。だから、傷ついた気持ちを隠して元恋人を祝福し、自分は大丈夫と言い聞かせるのです。

でも、いざというときは自分の気持ちに素直になり、本音を言えるようにならなければ、深い関係は結びにくいかも。そのために、「ほんとはもっと愛してほしい」「私はこうしたい」と、しっかり意思表示をしてみましょう。

Ⓑを選んだ人……相手の気持ちを〝先回り〟して考えること

あなたは「愛される側」の人間、人は自分を愛するべきだと思っています。だから元恋人のメールに、自分は見捨てられたと感じ、傷ついてしまうのです。

あなたにとっては、自分の気持ちより相手の気持ちを優先し、もっと「愛すること」が、「愛されること」につながります。デートの行き先や、大事な決断を下すときなどに、相手の希望を尋ねたり、先回りして考えてあげれば、より愛されるはず。

Ⓒを選んだ人……〝頑張ってる感〟よりも「自然体の自分」をアピール！

あなたにとっての愛とは、〝努力〟によって手に入れるもの。自分に相手を惹きつけるだけの魅力があれば、愛されるはずと信じています。だから、元恋人が他の人を選んだことで、自分の価値が低められた気がして、プライドが傷つきます。そこで、もっと自分を磨き、自分の価値を上げることで、愛を手に入れようとするのです。

しかし、そんな〝頑張ってる感〟が前に出すぎると、相手を気後れさせてしまうもの。肩の力を抜いて自然体になり、「居心地のよさそうな人」になるのも大事です。

Test 15

家がなくなり「段ボールハウス」に住むことに――住み心地は？

家がなくなってしまい、
段ボールハウスに住むことになりました。

その中にいる自分をイメージしてみてください。
それを快適と感じているあなたがいます。

さて、段ボールハウスの中は、
どんなイメージですか？

Ⓐ 天窓が開いていて青い空や星空が見渡せる

Ⓑ 中は広々として生活に必要なものは何でもそろっている

Ⓒ 薄暗くてぬくぬくして眠くなる。巣のようにまどろんでいられる

Ⓓ いつでもたたんで他の場所に移動できる

Test 15 診断

段ボールハウスへのイメージから、あなたの

恋の「肉食度・草食度」がわかります

段ボールハウスが表わすのはその人の**「自己感覚」**。(A)・(C)のイメージを選ぶのは、自分の中に引きこもる傾向の人に多く、(B)・(D)のイメージを選ぶのは、積極的に外の世界に向かう傾向の人に多いようです。恋愛にも、その傾向は反映されます。

Ⓐを選んだ人……**ちょっとオクテな「草食系」**

「いいな」と思う人がいても、積極的にはなれないタイプ。現実的なことに疎《うと》く、恋愛シーンでもオクテな対応。異性から迫られると、たとえ好きな相手でも、何かとてつもないことを要求されるのではと、恐れをなして引いてしまうところも。

Ⓑを選んだ人……**まさに、正真正銘の「肉食系」！**

独立心が強く、恋をすれば猪突猛進、積極的にアプローチするあなた。好きになっ

た相手は、心も体も丸ごと手に入れたい。恋の駆け引きは苦手で、ストレートに自分の気持ちをぶつけます。「彼は私のもの」「彼女はオレのもの」にしたいのです。

Ⓒを選んだ人……「押すでもなく引くでもない「炭水化物系」!?

平穏な暮らしを望むあなた。恋をしても、自分から積極的に行動を起こそうとはしないでしょう。相手からの押しに弱く、積極的にアプローチされれば、それほど好きでもない相手でも応じてしまいそう。付き合い始めれば、喧嘩やいさかいは避けて、波風の立たない関係を好みます。

Ⓓを選んだ人……「肉食系」だけど、臨機応変度高し

軽いノリであちこちに顔を出せるあなた。恋のフットワークも軽く、好きな人には自分から近づき、あっという間に友達に。もちろん、意気投合すれば、すぐにでも恋人同士になれるタイプ。自分から積極的にアプローチしますが、相手にその気がないとわかればあっさり身を引き、何のこだわりもなく恋人未満の関係を続けるでしょう。

Test 16

動物園から逃げ出したサルと、ばったり遭遇！

サルが動物園から逃げ出したというニュース。
家の近くを歩いていると、そのサルとばったり出くわしてしまいました。
あなたはどうした？

Ⓐ サルと仲良くなった

Ⓑ サルにかみつかれそうになった

Ⓒ サルは逃げて行ってしまった

Ⓓ サルをつかまえた

Test 16
診断

サルにどう対応するかで、あなたの
「Hへの好奇心と性欲の強さ」が見えてきます

サルは好奇心の強い動物。逃げたサルは、あなたの中の好奇心と、理性では抑えられない欲求や衝動を表わしています。サルと出会ったあなたがどうしたか、選んだ答えから、あなたの**性への好奇心と欲望の強さ**が診断できます。

Ⓐを選んだ人……好奇心旺盛！　気軽でライトなプレイがお好き

性への飽くことのない興味と欲望があるあなた。「楽しくなければ意味がない」がモットーで、遊び感覚の気軽なことが好き。あまりヘビーなものや、刺激の強すぎるものは好みません。Hに対する興味も、あくまで刹那《せつな》的な快楽を求める人です。

Ⓑを選んだ人……禁欲的な面あり！　〝控えめ〟か〝爆発する〟か両極端

あんなことをしてみたい……という密かな欲望はあっても、欲望のままに行動すれば堕落すると考えているあなた。でも、好奇心や欲望は抑えれば抑えるほど、ますます膨れ上がるもの。Hに対する興味は、禁欲的になるか、その逆に「堕ちるところまで堕ちたい」という心境に行き着くか、両極端になりそう。

Ⓒを選んだ人……〝ほんのりアブノーマル〟な嗜好の持ち主

性への欲望は、それほど強くないあなた。むしろ、好奇心の強い人や強烈な刺激を求める相手に会うと、そのエネルギーに圧倒され、思わず引いてしまう面が。Hに対する興味は、どこか冷めたところがある分、ちょっと変わった趣味や嗜好に行き着きそう。

Ⓓを選んだ人……欲望がエスカレート！　過激なプレイがお好き！

欲しいものは必ず手に入れ、やりたいことはとことんやり尽くすタイプのあなた。でも、ほどほどにしておかないと、次第に遊びでは物足りなくなって、もっと強い刺激を求め、欲望が限りなくエスカレートするかも。Hに対する興味も、欲望を満たすのはもちろん、その欲望の対象を〝支配〟したいという支配欲が強くなりそう。

Test 17

折りたたみ傘は どんなときに持ち歩いている？

外出するとき、
あなたは折りたたみ傘を
持って出ますか？

あなたの気になる彼（彼女）にも
聞いてみましょう。

Ⓐ いつも、カバンやバッグの中に入れて持ち歩いている

Ⓑ 雨が降りそうな天気のときだけ、折りたたみ傘を持って出る

Ⓒ その日雨が降る確率が高そうなら、普通に傘を持って出る

Ⓓ 雨が降るかもしれないという日でも、傘を忘れて濡れて帰ることがある

Test 17 診断

折りたたみ傘への意識から、その人の「浮気度」が探れます

雨に濡れるのを避ける折りたたみ傘。それを持ち歩くのは、身の周りを快適に保ちたいという自己保存本能からくるもの。この本能が強い人は安定志向が強く、一人の人と長続きする傾向があります。そこから、**あなたや相手の浮気度**を診断すると……。

Ⓐを選んだ人……安定第一！　絶対に浮気はしないタイプ

用意周到なあなたは、自己保存本能がきわめて強い人。変化を好まず、安定した生活を望んでいます。決まった相手がいれば、二人でゆったりまったり、ぬくぬくとした巣の中にいるような生活が一番。自分から浮気をして、二人の関係に波風を立てるようなことはしないでしょう。

Ⓑを選んだ人……「浮気は面倒」なタイプ

空模様を気にして準備を怠らないあなたは、浮気心を起こさせる性的な本能よりも、浮気すると面倒なことになるという気持ちが勝ります。たとえ周りにいいなと思う異性がいても、付き合っている相手のことを思うと、浮気する気にはなれないでしょう。

Ⓒを選んだ人……魔が差すことはあっても「一線」は超えない！

普通に傘を持って出るあなたは、異性に惹かれる性的な本能が強いよう。付き合っている相手がいても、気になる異性がいれば、ついつい浮気心が……。とはいえ、他の友達も交えてみんなで楽しく遊んだりといった罪のない範囲にとどまりそう。

Ⓓを選んだ人……浮気の可能性大！　「本気」に発展することも……？

雨が降りそうでも傘を忘れるあなたは、家の中でまったりするよりも、外を出歩いたり、何かに熱中していたいタイプ。自己保存本能より性的本能がはるかに勝っている人。近くに魅力的な異性がいれば惹かれ、一対一の付き合いをしたくなるはず。

Test 18

ポテチの袋、どんなふうに開ける？

ポテトチップスなどの
スナック菓子を食べるとき、
彼（彼女）は袋をどうやって開け、
食べた後はどうするでしょうか？

実際に、彼（彼女）の行動を
観察してみましょう。

Ⓐ びりっと破って開け、
食べた後はぐしゃっとつぶして捨てる

Ⓑ「ここから開けてください」と
書いてあるところから手で開け、
食べた後は適当にたたんで捨てる

Ⓒ はさみなどを使って袋の口をきれいに
切って開ける。食べた後は
きちんと折りたたんで捨てる

Ⓓ ポテチをつまみ出せるぐらいの
幅に袋の口を開けて、
食べた後はそのまま

Test 18
診断

ポテチ袋の開け方から、その人の

「Hのときのリードの仕方」が見えてきます

袋の開け方や空の袋の始末の仕方で、その人がせっかちなタイプか、器用か・不器用かがわかります。そうした普段の行動は、Hのときの所作にも表われるもの。一緒にポテチを食べただけで、彼（彼女）のベッドの上での態度も見抜けます。

Ⓐを選んだ人……積極的にリードするタイプ

言葉や雰囲気より、行為そのものが好き。十分に満足したいし、させたいので、へとへとになるまで頑張ります。乱暴に服を脱がせようとしたり、組み伏せるような態度で挑みかかります。終わってからは、あまりベタベタしたくないタイプ。

Ⓑを選んだ人……自分がリードしなければと考えているタイプ

あまり性急な態度に出ないように、それなりに気を遣っています。相手の反応を見ながら、少しずつ服を脱がせていったり、ここは自分が積極的になったほうがいいと思えば、そのようにできます。でも、途中から我を忘れて、行為に夢中になるところも。終わった後は、よかったかどうか知りたいものの、なかなか聞けない人です。

Ⓒを選んだ人……〝されるがまま〟のほうがラクなタイプ

どういう態度をとればいいのか迷ったり、自信を持てなかったりするようです。むしろ、「相手にリードしてほしい、相手にされるがままのほうがラク」と考えます。その一方で、相手が自分より大胆だと、「遊び人かも⁉」と心配になってしまいそう。とはいえ、緊張が解けて一線を越えると、何でもできてしまう人。

Ⓓを選んだ人……リードするというより観察するタイプ

どことなく冷めた感じに見えることもありますが、頭の中は、すでにHな空想と期待でいっぱいで、熱くなっています。実際、ベッドの中では不器用なところがありそう。あまり気がきかないので、あなたのほうからしてほしいことを伝え、導いていくぐらいの積極性が必要かも。

Test 19

あなた好みのブラジャーの色は？

婚活パーティに参加することに。
あなたが身に着けていきたい
ブラジャーの色は？

あなたが男性の場合は、
女性に身に着けていてほしい
ブラジャーの色を答えてください。

Ⓐピンク
Ⓑベージュ
Ⓒ黒
Ⓓ白
Ⓔブルー

Test 19 診断

ブラジャーの色から、その人の「〝ワンナイトラブ〟の傾向」が探れます

ブラジャーは女性のハート＝感情（気持ち）を包み込み、ガードするもの。どんな色のブラジャーを好むかで、**あなた（彼女）のワンナイトラブの傾向**がわかります。

Ⓐを選んだ人……〝一夜限り〟では済まされないタイプ！

ピンクを好むのは愛情豊かな女性。この女性のハートには、愛がいっぱい詰まっています。たとえ行きずりの人と一夜を過ごしても、愛さずにはいられません。別れた後も相手のことを思い、もう会えないとなると寂しくなり、気持ちをずっと引きずりそうです。

あなたが男性なら、こういうタイプの女性を、一夜の遊びの相手にするのは危険。いつまでも付きまとわれるでしょう。付き合うなら、部屋に押しかけてこられることも覚悟で。でも、かいがいしく尽くしてくれる一途な女性です。

Ⓑを選んだ人……〝行きずりの恋〟も楽しめる気まぐれな人

ベージュは不確かさの表現。この女性のハートは、いつも揺れ動いています。ロマンチックな気分になれば、たとえ行きずりの相手とでも、〝運命の出会い〟と信じ燃え上がります。

しかし同時に、熱しやすく冷めやすいところがあり、一度は燃え上がった相手に対しても、気持ちが冷めたとたん、冷ややかな態度で接することも。とはいえ、終わった恋は美しく感じられ、別れた後は一夜の出会いも〝せつない恋の思い出〟として胸にしまっておける人です。

あなたが男性なら、こういうタイプの女性とは、気分が盛り上がればドラマチックな恋のムードを楽しめます。でも、恋人にするには、彼女の気まぐれに付き合わなければならないことを覚悟して。

Ⓒを選んだ人……「遊び慣れ」して見えるけど、本当は……

黒は自分の気持ちを抑制している色。この女性のハートの奥には、傷つきやすく繊細な部分があります。けれども、本人はそれを異性の前で見せようとはしません。

それゆえ、ちょっとのことでは傷つかなさそうな女性に見えることがあります。表面上は強気の女を装い、冒険心を起こして、ちょっとワルな感じの男と一夜限りの関係を楽しんだりしそうですが、心の奥には愛されたい気持ちを秘めています。

あなたが男性なら、こういうタイプの女性とは、後腐れのない付き合いができるでしょう。別れたらそのまま、それで終わりです。恋人として付き合いたければ、関係が立ち消えにならないように、まめに連絡を。

Ⓓを選んだ人……「貞操観念」強し！ 〝手を出す〟なら覚悟が必要！

白の下着を好む女性は、不純な付き合いはしたくないタイプ。一夜限りの関係や行きずりの恋などは、不道徳で許されない行為と固く信じています。「遊ばれたくない」という気持ちが強く、軽率に深い関係になるようなことはしないはず。

それゆえ、ガードが堅いところがありますが、何かのはずみにそのガードが崩され、ワンナイトラブの経験をすれば、相手のことをおそらく一生忘れません。彼女にとって、その経験はそれ以後の人生に長く影響する、〝重たいもの〟になりそう。

あなたが男性なら、こういうタイプの女性とは遊びで付き合うことはできません。最後まで責任を取る覚悟が必要でしょう。

Ⓔを選んだ人……穏やかな深い恋を求め、遊びはしないタイプ

ブルーはクールなハートを意味しています。この女性は、暴力的なものに脅かされることのない心の静けさと平穏を愛しています。わりあい用心深いところがあり、日頃から出会った人とすぐに親しくなること自体、少ないかもしれません。〝行きずりの恋〟と称して、よく知らない相手とことに及ぶなんて、思いもよらないタイプです。

ただ、〝怖いもの見たさ〟からワンナイトラブに走ることがあるかもしれませんが、本人はそれを心から楽しむことができないでしょう。

あなたが男性なら、こういうタイプの女性と遊びの付き合いをしようとしても、あまり面白くはなく、後悔することにもなりかねません。恋人として付き合うなら、優しく思いやりを持って接してあげなければなりません。

Test 20

部屋に残された元恋人のTシャツ、どう処分する？

あなたと同棲していた彼（彼女）が
他に恋人を作って、
部屋から出て行ってしまいました。
後に残されたのは、
彼（彼女）のTシャツ一枚。

あなたは、そのTシャツをどうしますか？

Ⓐ 引き裂いて雑巾にする

Ⓑ 小さく切り刻む

Ⓒ 丸めてゴミに出す

Ⓓ たたんでしまっておく

Test 20
診断

元恋人のTシャツの処分方法から、あなたの

「浮気をされたときの反応」が見えてきます

元恋人が身に着けていたものの処分の仕方には、自分を裏切った男（女）に対する怨念がこめられています。そこから、あなたが**浮気を許せるかどうか**がわかります。

Ⓐを選んだ人……相手の〝過ち〟をネチネチ責め続けるタイプ

口では相手を「許す」と言っても、内心は嫉妬心で荒れ狂っており、決して許さない人。自分のプライドを保つために、「上から目線」で相手の欠点をあげつらいます。いつまでも文句を言い続けるでしょう。愛が「執拗《しつよう》な怒り」に変わるタイプ。

Ⓑを選んだ人……「私は被害者」と嘆きに暮れるタイプ

相手に浮気されると、怒りよりも「自分は見捨てられてしまうかも……」という不安や嘆きの気持ちに心を支配される人。しかし、心の中では、浮気相手のことをこっ

そり呪っています。一度でも浮気されると、その後は完全に相手を信頼できず、不信感を抱き続けるでしょう。愛が「不信」に変わるタイプ。

Ⓒを選んだ人……すぐにでも関係を断ち切りたい！

たとえ、相手が〝一時の出来心〟と弁解しても、怒りに駆られたあなたは『もう別れよう』と、自分から告げるでしょう。一見強気のようですが、面倒な感情のぶつかり合いや心の葛藤に耐えられないのです。愛が「拒絶」に変わるタイプ。

Ⓓを選んだ人……表向きの「いい人」の仮面の裏に……

自分を裏切った相手に対しても、穏やかに接しようとするでしょう。二人の蜜月時代の思い出を、大事にとっておきたいのです。「あなたはどうしたいの？」などと、相手の前でものわかりのいいところを見せようとするかもしれません。でも、内心では相手を恨んでいるところがあり、愛が「密かな恨み」に変わりやすいタイプ。

Test 21

恋人にプレゼントするなら、どんな色のどんな花？

恋人にあなたが好きな花をプレゼントしたいと思います。どの花束を選びますか？

Ⓐ 赤いバラ

Ⓑ 白や紫のラン

Ⓒ 白いカラー

Ⓓ 黄色いひまわり

Ⓔ ピンクのチューリップ

Test 21 診断

選んだ花の種類から、あなたの「束縛度」がわかります

選んだ花が表わすのは、あなたの**「自己イメージ」**。その自己イメージから、あなたの愛し方・愛され方がわかります。ここでは**愛の傾向と束縛度**を診断しましょう。

Ⓐを選んだ人……束縛なんて〝カッコ悪いこと〟はできない！

ゴージャスなバラの花を選んだあなたは、好きな人の前では「理想の恋人」を演じるタイプ。まるでスターのように魅力的で美しい女性、有能でカッコいい男性といった理想のイメージに合わせて、常に最高の自分を見せようとします。

素の自分を知られるのは恥ずかしいという思いがあり、親密になりすぎないよう一定の距離を保った付き合い方を好みます。そのため、あまり相手を束縛したり、自分が束縛されるといった関係にはならないタイプ。

Ⓑを選んだ人……ねばねばと絡んで離さない……束縛度MAX

お祝いによく贈られるランの花を選んだあなたは、〝自分は愛にあふれる人〟という自己イメージの持ち主。そして、愛する人を喜ばせたいという気持ちがとても強い人。好きな人の前では、相手好みの女（男）になれます。すねたりむくれたり、甘えてみたりすることもでき、相手の気を引くための微妙な心理操作も得意。独占欲が強くやきもちやきで、相手のすべてを知っておきたい気持ちがあります。まるでクモの糸のような〝粘ついた愛情〟で相手をがんじがらめにし、束縛するタイプ。

Ⓒを選んだ人……自然体に装っているけど、実は……？

凛とした印象の白いカラーを選んだあなたは、自分はとても誠実で正直な人間だという自己イメージの持ち主。一人の人を長く愛する傾向にあり、付き合うなら真剣に向き合いたいと思っています。人前ではベタベタしませんが、好きな人と二人だけのときは甘えたいツンデレタイプ。とはいえ、自分が真面目で誠実と思っている分、相手にも同じような態度を望みます。口では「お互い自由だし」「気持ちに正直でいようね」などと言いながら、本当は相手を束縛したいタイプです。

Ⓓを選んだ人……「束縛するのも、されるのも大嫌い！」なタイプ

ひまわりは明るく陽気な花。この花を選んだあなたは、「自分は素敵」「自分はとてもポジティブ」という自己イメージの持ち主。自分は必ず幸せになれるという確信があり、付き合うなら「一緒にいて楽しい人」が理想。お互いに自由でいられる関係がベストだと思っていて、恋人がいても他の男友達や女友達と遊びに行ったりもしたいタイプ。独占欲の強い相手と一緒では、幸せになれそうにないと感じます。

Ⓔを選んだ人……青春ドラマのような〝さわやかな関係〟が理想

子どもの頃からなじみ深いチューリップを選んだあなたは、自分は今でも少年・少女の内面を持つ人という自己イメージを持っています。「好きなら好き」で、恋はシンプルなほうがいいと思っています。青春ドラマのようなさわやかな男女関係に憧れ、サスペンスドラマのような、男女のドロドロした関係など、絶対にありえないタイプ。束縛するのも、されるのも苦手。

Test 22

お土産のドーナツ――「全部食べていいよ」と言われたら……

行列ができる人気店の、とてもおいしそうなドーナツをお土産にもらいました。ドーナツはあなたの大好物。「全部食べていいよ」と言われて、答えた言葉は？

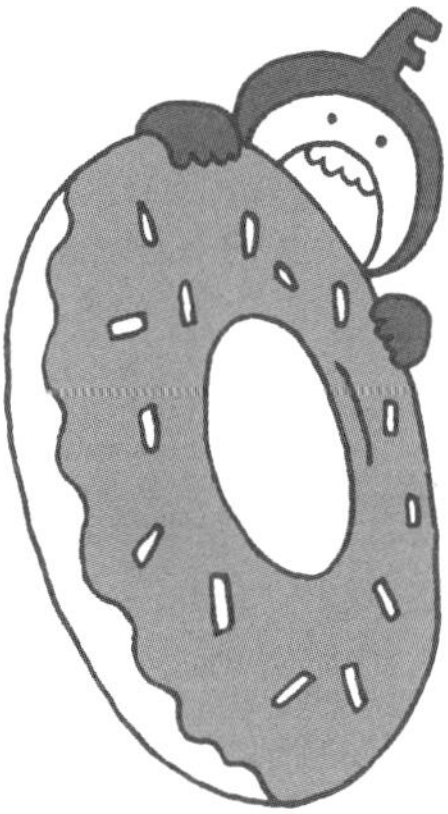

Ⓐ「ほんとに全部食べちゃいそう」

Ⓑ「ダイエットしなきゃ。がまん！」

Ⓒ「みんなで分けて食べよう」

Ⓓ「えっ、そんなにいらない。食べきれないよ」

Test 22 診断

山盛りのドーナツへのコメントから、あなたの
「性欲処理法」が見えてきます

甘くカロリーの高いドーナツは、セクシーさの象徴。目の前のドーナツを見てどう答えたかで、あなたが**性的な欲望をどのように処理するか**がわかります。

Ⓐを選んだ人……欲望の赴くまま、ダイナミックに行動&フェロモン発散！

あなたは性的な欲望のままに行動する人。セックスアピールが強く、セクシーな魅力で異性の関心を惹きつけるでしょう。あなた自身もフェロモンの強い異性に惹きつけられます。

肉体的な快楽を求め、お互いに満足できる相手が恋人ならば、他の異性には見向きもしません。相手を支配し、自分も相手に支配されることを望みます。セクシーでない相手には、もとより魅力を感じないし、淡白な相手では不満がつのりそう。

Ⓑを選んだ人……抑圧された欲望が〝サドマゾ願望〟に変化！

あなたは性的な欲望を抑圧している人。本能的にフェロモンの強い異性に惹きつけられる傾向がありますが、自分の中の欲望に忠実になることに罪悪感を覚え、フィジカル（肉体的）な快楽を求める自分は罰せられなければならないように感じます。

そして、「こんな私を罰して」というサドマゾ的な関係に興奮を覚えるのです。また、自分を罰するために、あえて魅力のない異性を恋人に選んだりしそう。

Ⓒを選んだ人……きわめて「ノーマル」に向き合うタイプ

あなたは性欲を中和してしまう人。セックスアピールの強い、どこか危険な人と思われないよう、異性の前では感じよく振る舞おうとします。セクシーであるよりも、「いい感じ」の人に見られたいのでしょう。肉体的な快楽よりも、心の結びつきをより強く求めるのです。

そのため、セックスアピールが少々足りず、相手から「恋人未満」「いい人どまり」と見なされてしまうことも。性欲との向き合い方も、奇抜な点はなくノーマルなタイプです。

Ⓓを選んだ人……〝バーチャルな世界〟で、欲望を全開！

あなたはセクシャルな欲望に恐れをなす人。セックスアピールの強い人にはその存在感の濃さに圧倒され、思わず引いてしまうところが。自分自身については、セックスアピールに欠けていると感じているようです。

性欲もそれほど強くないと思っているかもしれませんが、そのエネルギーは実は頭の中の〝空想の世界〟に流れ込ませることで処理しているよう。現実の異性との面倒な関係よりも、二次元の世界やバーチャルセックスに関心を抱き、興奮してしまうタイプなのです。

Test 23

花のつぼみが開くのはいつ？

もうすぐ開きそうな花のつぼみがあります。このつぼみが開くのはいつ？

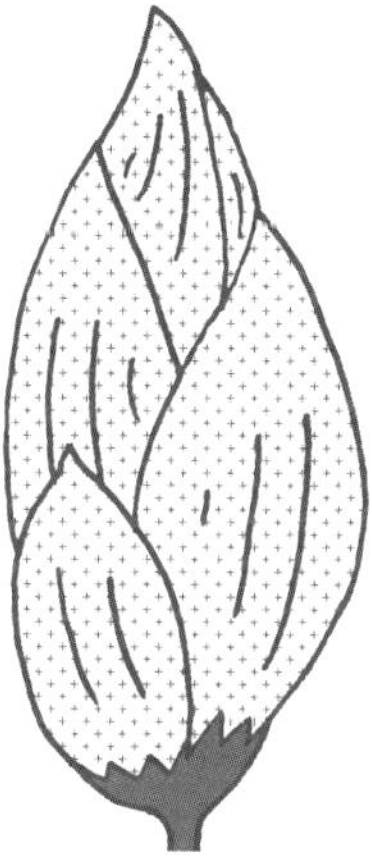

Ⓐ 朝日が昇れば
Ⓑ 月が出れば
Ⓒ 雨があがれば
Ⓓ 蝶々が飛んでくれば
Ⓔ 真夜中になれば

Test 23 診断

花のつぼみが開くときから、
「あなたがHをしたくなる時間帯」がわかります

花のつぼみは〝性的なもの〟を象徴します。ドイツの哲学者ショーペンハウアーは、「花は無邪気に自分の生殖器官を見せびらかしている」と言いました。

ここではつぼみが開くときのイメージから、あなたが**Hをしたくなる時間帯**を診断しましょう。

Ⓐを選んだ人……朝、目が覚めたとき

ぬくぬくとした布団の中に柔らかい体臭がこもっているとき、あなたは、起きなければいけないのにと思いながら、むらむらとした気分になり、今Hをしてスッキリしてからでないと、一日が始まらないような気分に。相手がいれば、その人と。一人寝のあなたは、ついつい一人Hに……。

Ⓑを選んだ人……夕暮れどきから夜になって

明るい時間帯では恥ずかしすぎると感じるあなた。夕暮れになってから、音楽を聴いたり、軽く食事をしたりした後、ちょっぴりお酒を飲んだりして、ムードを高めてからのHが、一番クラクラするタイプ。もちろん、恋人とのHが最高。恋人がいないあなたは、誰かとの出会いを期待します。

Ⓒを選んだ人……けんかをして仲直りをした後

付き合っている相手と、口げんかや意地の張り合いで険悪なムードになり、「もう別れよう」なんて言いながら、最後には「ごめんね」と仲直りしたその後のHこそ、刺激的と感じます。恋人のいないあなたは、なぜか嫌いな相手と激しく盛り上がってしまい、後でなぜあんなことをしたのかしらと、後悔することがあるかも。

Ⓓを選んだ人……魅力的な異性の〝体温＆体臭〟を感じたとき

「好みのタイプ」と感じる異性と出会ったときや、その異性の体温や体臭が近くで感じられるとき、「いけない」「いけない」と思いながらも、その人とのHを想像してしまうあなた。たとえ恋人がいたとしても、他に素敵な異性が現われれば、ついつい誘惑には負けてしまいそう。

Ⓔを選んだ人……ベッドに入って眠くなる頃

「睡眠薬代わりのHがしたい……」なんて思っていそうなあなた。恋人と過ごす夜なら、疲れて眠ってしまうまで、おねだりするタイプ。一人寝のあなたは、ちょっぴりHなDVDなどを眺めながら、一人で慰める夜になるのかもしれません。

Test 24

友達が宝くじに当選！　あなたの心の中は？

友達がジャンボ宝くじで五十万円当たったそうです。
それを知ったときの、あなたの「心の中の声」は？

Ⓐ「今度、買ってみよう。自分も当たるかも」

Ⓑ「ランチぐらいおごってくれてもいいよね」

Ⓒ「宝くじで五十万は大した額じゃないなあ」

Ⓓ「自分なら、そのお金、何に使うだろう？」

Test 24
診断

友人の宝くじ当選への心の声から、あなたの
「セクシャル自信度」が探れます

友人のプチハッピーを知ったあなたの反応は、あなたの友達に恋人ができたとき（モテているとき）の反応を表わし、そこからあなたの**「自信度」**がわかります。

Ⓐを選んだ人……「自分にも素敵な恋人ができるはず！」と希望を持てる人

友達がモテるのなら、自分だってモテるはずだし、友達に恋人ができるのなら、自分にだってできるはずと考えるあなた。友達のほうが自分より魅力的だから異性にモテるのだとか、恋人ができたのだという発想はしない人。あくまで自分と友達は同等。だから、自分にも同じチャンスが訪れるはずと待ち続けるのです。

Ⓑを選んだ人……「どうせ自分なんて……」と卑下するタイプ

認めたくないけど、友達に負けているかも……と感じているあなた。だから、自分

は友達のおこぼれにあずかってもいいはず。友達はそういう自分を思いやるべきだと思っているようです。モテモテの友達に対しては、「どうせ、私はモテないし」とか、「相手がいる人はいいな」などと、チクリと嫌味を言いそう。

Ⓒを選んだ人……「完全に負けてる！」と内心悔しいタイプ

「自分はまるで魅力がないと言われている」と、勝手に感じてしまう人。このタイプは、友達の幸福は自分の不幸のように感じてしまいがち。やっかみの気持ちがふつふつと頭をもたげそうになりますが、それを悟られたくないため、友達の恋人のことを「大したことない」と密かに引きずりおろし、心の均衡を保とうとするでしょう。

Ⓓを選んだ人……そもそも、自分と他人を比較しない人

友達がモテていれば、自分もモテるといいなと思い、友達に恋人ができれば、自分も恋人ができるといいなと思うけれど、それ以上は自分と友達を比べない人。ただ、友達の恋人を見て、自分にも紹介してほしいと思うかも。まれに、そこから横恋慕してしまうことも!?　でも、それは心の中だけのことで、とくに害はなさそうです。

Test 25

おいしそうなケーキ。誰も手を出さないのは、なぜ？

とてもおいしそうなケーキがあります。

けれども、誰もそのケーキには手を出そうとしません。

いったい、なぜ？

Ⓐ 商品サンプルだから

Ⓑ 消費期限を過ぎているから

Ⓒ あまりに値段が高すぎる

Ⓓ 実はかなり、まずいらしい

Test 25 診断

おいしそうなケーキの「謎」から、あなたの考える「モテる条件、モテない原因」がわかります

おいしそうなケーキは愛の対象。誰も手を付けない理由をどう考えるかによって、**異性にモテる条件、モテない原因**は何であると考えているかがわかります。

Ⓐを選んだ人……「積極性が必要でしょ」

モテる条件とは、「コミュニケーション能力にあり」と考えているよう。「人付き合いが苦手な男女は、なかなか恋人ができない」というのがあなたの見方。自分の気持ちをうまく相手に伝えられ、自然に告白できるような人こそ、恋の勝利者になれると思っています。婚活での成功も「積極性とまめさにあり」と信じているようです。

Ⓑを選んだ人……「やっぱり年齢でしょ」

モテる条件とは「若さにあり」と考えているようです。とくに女性は年を取るほど

モテなくなる、男もある程度の年齢になるとそれに見合う収入がなければモテないというのがあなたの見方。だから、学生時代や若いうちに彼氏・彼女をゲットしておくべきと思っています。婚活での成功も年齢が上がるほど厳しくなると考えています。

Ⓒを選んだ人……「理想が高すぎるでしょ」

「高望みさえしなければ、相手はいる」と考えています。実際、あまり魅力的とは言えない人たちでも、ちゃんと相手をゲットしているではないかというのが、あなたの見方。婚活も、高い理想を求めていてはダメで、適当なところで妥協することが成功につながると思っているようです。

Ⓓを選んだ人……「フェロモンが必要でしょ」

モテる男女には、なんとなく色気があり、それほどあからさまではないけれど「セックスアピールがある」と考えているでしょう。異性を惹きつけるフェロモンが出ている男女は、いくつになってもモテるというのがあなたの見方。婚活も、成功の要因は「いい人どまり」にならないこと、男（女）としての魅力第一と考えているみたい。

Test 26

恋人と島内一周。交通手段は何にする？

あなたは恋人と、ある島に旅行に行きました。島の観光スポットを巡るために、二人は島内一周を計画しました。交通手段は、次のうちのどれだったでしょうか？

Ⓐ レンタル自転車

Ⓑ 路線バス

Ⓒ ヒッチハイク

Ⓓ 観光タクシー

Test 26 診断

選ぶ交通手段から、あなたの
「理想の夫婦像」が見えてきます

二人が旅する島は「結婚」を意味し、島を巡る交通手段は「夫婦のありかた」を示しています。あなたがどんな交通手段を選んだかで**「どんな夫婦関係を築いていきたいと思っているか」**がわかります。

Ⓐを選んだ人……夫婦はいつでも対等！「男女平等カップル」

レンタル自転車を選んだあなたは、何にでも対等な夫婦関係を望んでいます。夫婦間の取り決めや家庭内のことは、何でもお互いに意見を出し合い、相手の意見に耳を傾けながら、納得のいく形で決めていきたいと思っているはず。

夫婦は共通の価値観を持ち、同じ目標に向かって進んでいける同志のような関係が理想。それぞれ別の仕事や趣味を持っていても、やがては一緒に何かをやっていきたいのかもしれません。たとえば、一緒にマラソンに挑戦するとか、リタイア後にペンションを経営する〞といった生活に憧れているのでは？

Ⓑを選んだ人……お互いに干渉しすぎない「ゆるカップル」

路線バスを選んだあなたは、お互いにあまり干渉し合わず、派手な喧嘩やいさかいのない平和な夫婦関係を望んでいます。一緒に家にいても、それぞれ別々に何か自分の好きなことをやっていたり、とくにこれといって何もせず、のんびり家にいるといった、〝ゆったりまったりの結婚生活〟が理想のようです。

「夫婦は空気のような関係が一番」と言う人がいますが、お互いにぬくもりが感じられる距離感で、居心地よく暮らせれば、それが一番なのかもしれません。

Ⓒを選んだ人……独身時代と同じ自由を満喫したい「友達カップル」

ヒッチハイクを選んだあなたは、結婚後も自由でいたいという気持ちが強い人。結婚したらこうしなければならない、といった常識のようなものに縛られたくないのでしょう。夫婦だからといって、お互いに相手の行動を縛りたくないし、それぞれに異性の友人や知人との交際も絶ちたくないと思っているはず。

「友達夫婦」という言葉がありますが、二人の関係だけではなく、独身時代からの友人や仲間との付き合いも、変わらず続けていきたいという気持ちも強いのでしょう。

Ⓓを選んだ人……ワンランク上をめざす「ステイタス・カップル」

観光タクシーを選んだあなたは、結婚したら理想の家庭を作りたいという気持ちが強い人。生活環境やライフスタイルの面で、少しでも上をめざし、一生懸命に働くでしょう。人に羨ましがられるような夫婦関係、暮らしぶりが理想。

日頃は、お互いに自分の仕事や趣味に精力を注ぎますが、結婚記念日や誕生日になると、プレゼントを忘れず用意し、レストランで食事をしたり、夏休みには一緒に旅行に出かけたりするでしょう。心密かに、パートナーに対して、人に自慢できる夫（妻）であってほしいと思っています。

3章

たとえば好感度アップの方法、
ライバル意識、二重人格度……

相手との〝心の距離〟を縮める
コツがわかる！

Test 27

「あの人」が、実は宇宙人だったとしたら？

あなたの知り合いの誰か（職場や仕事先・取引先の人など）を思い浮かべてください。
その人は、実は宇宙人だったのです。
いったい何のために、この地球にやってきたのでしょうか？

Ⓐ 助けを求めて逃げてきた

Ⓑ 調査のためにやってきた

Ⓒ 美しい星を探してやってきた

Ⓓ 侵略のためにやってきた

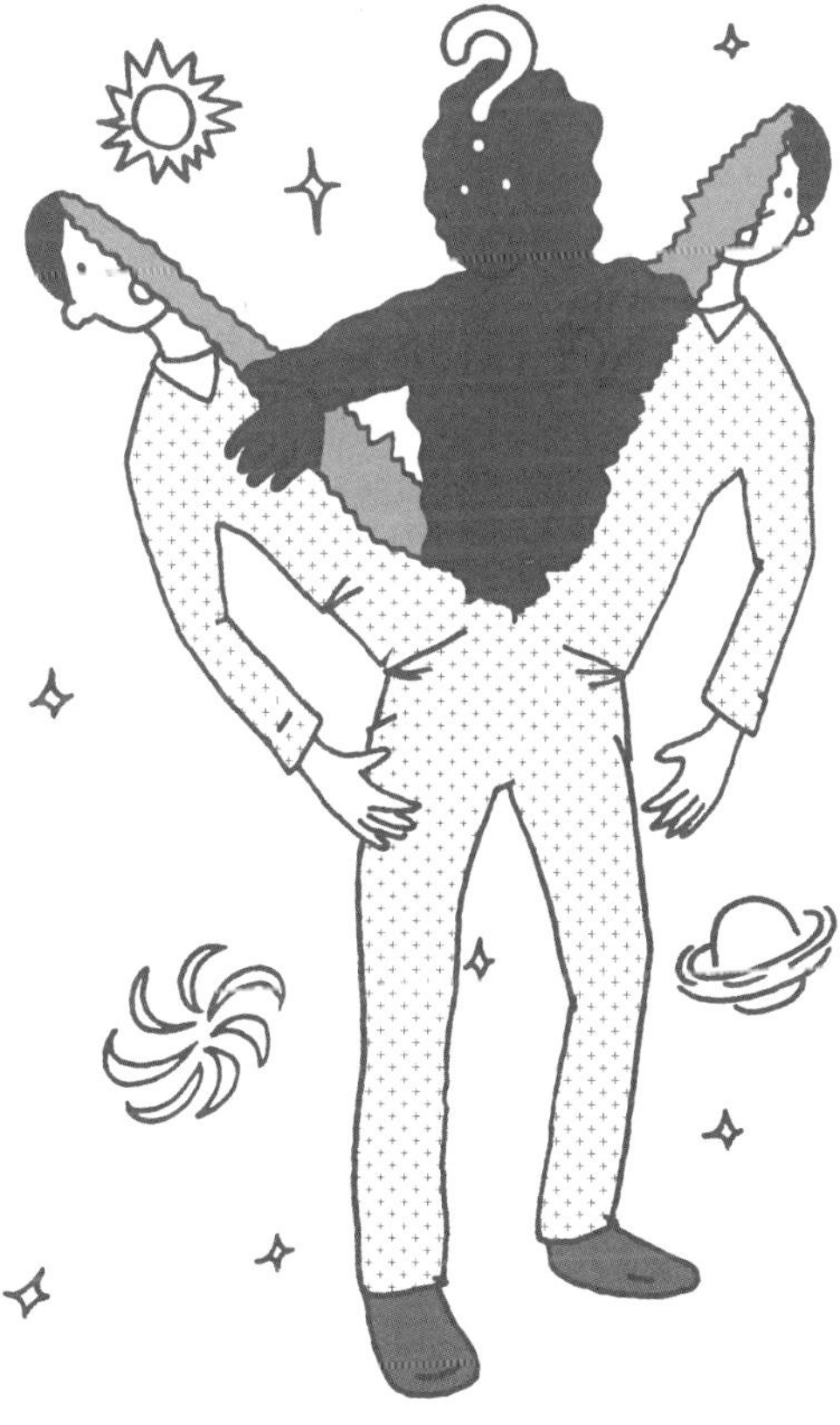

Test 27 診断

「あの人」がどんな宇宙人だと考えるかによって、
気になる「あの人」へのホンネの思いが見えてきます

宇宙人は自分と価値観の違う他人を意味しています。はたして、「あの人」はあなたにとって、どんな価値観を持つ人と感じられているのでしょうか。**「あの人」に対するあなたのホンネの思いと、対応の仕方**がわかります。

Ⓐを選んだ人……**「放っておけない、か弱い人」！**

助けを求めてやってきた宇宙人は、あなたより弱い存在。あなたはその人のことを、頼りない人と思っているようです。決断力はなさそうなので、その人に意見を求めたり、アドバイスを求めようとは思わないでしょう。

頼られれば放っておけず、守ってあげたい気もしますが、本心が見えにくく、根っから信頼することはできないようです。その人が悩みごとの相談を持ちかけてきた場合、おそらく相談相手はあなただけではないはず。相談されても、あまり親身になりすぎず、冷静に対応しましょう。

Ⓑを選んだ人……「頭がよすぎて、理屈っぽい人」！

調査のためにやってきた宇宙人は、きっと知的な存在。あなたはその人のことを、頭のいい人、頭の切れる人と思っているようです。

ちょっと冷たい感じがし、とっつきにくいところがありそう。世間話などは興味がなさそうで、その人の前では、何を話せばいいのかわからず、気づまりに感じることも。つまらないことを言うと、バカにされそうです。その人にとって、人との会話は、おそらく情報交換のためのもの。あなたが知らないことは率直に尋ね、教えてもらうとよい関係が築けるでしょう。

Ⓒを選んだ人……「ロマンチストだけど、ちょっとワガママな人」！

美しい星を探してやってきた宇宙人は、感性豊かで美的なものを愛する存在。あなたは、その人のことを、繊細で傷つきやすいところのある人と思っているようです。あなた自身が落ち込んでいるときには、優しく慰めてくれる相手かもしれません。

でも、ワガママで気位の高いところもありそう。おそらく気分屋です。そのときの気分で言うことが変わる可能性があり、約束をドタキャンされることもありそう。大事なことを決めるときに相談する相手ではないかもしれません。特別扱いしてあげると、機嫌がよいでしょう。

Ⓓを選んだ人……「恐いところがあるけど、頼れる人」！

侵略のためにやってきた宇宙人は、攻撃的で恐い存在。あなたはその人のことを恐がっているところがあるようです。押しが強くて、人の意見は聞かず、何でも自分の思い通りにしようとするタイプの人なのでしょう。

とはいえ、根は単純そうです。あなたのほうも率直にものを言うことで、相手も心を許して受け入れてくれます。

仕切りたがり屋でもあるようなので、仕事でも何でも、「ぜひお願いします」「あなたがいなければ……」と頼めば、やってくれるでしょう。ちょっぴり下手に出ると、機嫌よく親分肌・姐御肌を発揮してくれるはず。

Test 28

お正月のおせちに欠かせない料理は？

お正月のおせち料理に、これだけは欠かせないというものがあります。
それは何ですか？
A～Dのうち、その料理が入っているものを選んでください。

Ⓐ 伊勢えび、鯛の塩焼き
Ⓑ 黒豆・昆布巻き、お煮しめ
Ⓒ 数の子、あわび
Ⓓ だし巻き卵、栗きんとん

Test 28
診断

選んだおせち料理から、あなたの「好感度アップのための方法」がわかります

選んだおせちは、あなたが人付き合いの中で求めるポジションを表わしています。そこから、人に好かれるための**「好感度アップの方法」**がわかります。

Ⓐを選んだ人……自分だけでなく〝みんな〟を引き立てて！

あなたが選んだのは、ひときわ目を引く豪華な料理。あなたも、その料理のように自分がみんなの中心になり、目立つ存在でいたい人。

ともすると、自分中心に振る舞いがちですが、そこでリーダーシップを発揮すれば、〝なくてはならない人〟という評価を得られます。他の人の「いいところ」を見抜くこともできるので、その人の魅力や才能を引き出してあげるとよいでしょう。そうすれば、あなた自身もますます輝きます。

Ⓑを選んだ人……ほんのちょっとの〝寛容さ〟が大事

あなたが選んだのは、地味だけれど、なくてはならない定番メニュー。しかも、どれもじっくり煮込まなければなりません。あなたも、その料理のように、真面目にコツコツと努力できるタイプ。仕事や勉強で、みんなの模範となって、よいお手本を示すことができるでしょう。

ともすると、自分のやり方にこだわり、他人の意見を受け入れられないときもあるようですが、「まっ、いいか」と相手を受け入れられれば、なおよしです。

Ⓒを選んだ人……細やかな気配りで、評価アップ！

あなたが選んだのは、派手ではないけれど、おせち全体を高価に見せる料理。あなたもその料理のように、目立たずともみんなに影響を及ぼし、全体を見通して場を仕切ることのできるタイプ。

誰にでも同じような態度で接せる人ですが、人付き合いでの細かい気遣いやまめさに欠け、誤解を与えることもあるようです。人に何かを説明するときなどは、懇切丁寧を心がけましょう。また、困っている人の手助けをしてあげることで好感度がアップします。

Ⓓを選んだ人……〝ウラオモテ〟をなくすこと！

あなたが選んだのは、甘くて見た目もかわいい料理。デザート的な楽しさがあります。あなたも、その料理のように、かわいくお茶目なところのある人。みんなから好かれ、かわいがられるでしょう。

ただ、自分が好かれたいばかりに、相手に合わせて態度を変えることがあるようです。誰に対してもウラオモテなく、誠実な態度で接すれば、かわいがられるだけでなく、信頼もしてもらえるはず。

Test 29

スカイツリーと東京タワー、どんな会話をしている？

スカイツリーと東京タワーが話しています。

問1：スカイツリーは東京タワーに何と言っているでしょうか？　思いつくままに答えてください。

問2：また、東京タワーはスカイツリーに何と言っているでしょうか？　思いつくままに答えてください。

Test 29 診断

スカイツリーと東京タワーの会話から、あなたの「ライバル意識度」がわかります

スカイツリーと東京タワーは**ライバル同士**。東京の新しいシンボルとなった電波塔スカイツリーは、その高さで東京タワーを抜くことになりました。

スカイツリーが東京タワーにかける言葉は、**あなたがライバルに勝ったときに心の中で思うこと。「よろしくね」とあいさつしたあなたは、友好的でライバル意識は低め。「ふふん」「私が新しいシンボルよ」と笑ったあなたは、優越感たっぷりの高飛車タイプ。**

また、東京タワーがスカイツリーにかける言葉は、**あなたがライバルに負けてしまったときに心の中で思うこと。「私のほうが赤くて綺麗よ」「負けないぞ！」などという言葉が浮かんだあなたは、かなりの負けず嫌い。「仲良くしましょ」「お互い頑張ろう」と声をかけたあなたは、ライバル意識はあっても、フレンドリーを装い敵を作らない人。「ちくしょー！」などと嘆いたあなたは、潔く負けを認められるタイプ。**

Test 30

カギのかかった家に潜入！あなたなら、どこから入る？

この家の中に入ろうとしたら、玄関も窓もすべてカギがかかっています。
カギを壊してでも、この家に入らなければならないとすると、どこから入りますか？

Ⓐ 玄関から入る
Ⓑ 窓から入る
Ⓒ 天窓から入る
Ⓓ 裏口から入る

Test 30 診断

どこから家に入るかで、あなたの「他人との付き合い方」が見えてきます

カギのかかった家は〝よくわからない他人の心の中〟を表わしています。どこから入ろうとするかによって、あなたの**「他人との付き合い方」**が診断できます。

Ⓐを選んだ人…**ストレートに、直球で人と関わろうとするタイプ**

言いたいことははっきり言うし、相手からも言ってほしい。タテマエではなく、ホンネの付き合いがしたいのです。ただ、相手はそういう人ばかりではないので、あまりはっきりものを言うと、「そんなにはっきりと言わなくてもいいのに」と傷つけられたと感じてしまう人も。優しくソフトな言い回しを心がけましょう。

Ⓑを選んだ人……**相手の気持ちを推測しすぎるタイプ**

相手のことを気遣い「こう言えば、どんなふうに受け止めるだろう」「相手はきっ

と、こんなふうに感じているはず」と、心の中を推し測ります。でも、それはあくまで想像であって、相手が実際にその通り感じているとは限りません。場合によっては、的外れな想像もありうるのです。会話の中では客観的な事実を確認しましょう。

Ⓒを選んだ人……他人との間に、少し距離を置いているタイプ

コミュニケーションでは、お互いに納得がいくかどうかがポイント。何事も頭で考え、理屈が通っていれば問題ないと思うのでしょう。それで周りからは「なんか、冷たいところがある」と思われてしまうことも。頭では割り切れても、気持ちはそうはいかない――人の心の複雑さを理解し、相手の話を聞いてあげましょう。

Ⓓを選んだ人……人にどう関わっていけばいいか、わからないタイプ

他人にどう思われるのか心配で、戸惑うことが多い人。人にはホンネとタテマエの区別があるので、そこをわきまえなければと思っているのでしょうが、あまり気にしていると、自分から人と関わることが億劫になりがち。でも、そんな不器用なところが、かえって信頼につながることも。臆せず人と接しましょう。

Test 31

ノラ犬になったあなた。誰のところに助けを求める？

ある日、気がつくと
あなたはノラ犬になっていました。
おなかも空いているし、寝るところもありません。
しかも、捕まると処分されてしまうかもしれません。
そこで、人間だったときに知り合いだった人で、
自分を助けてくれそうな人のところを
訪ねることにしました。

①最初に行くのは誰のところですか？
思いついた人の名前をあげてください。

②でも、その人は留守だったので、
他の人のところに行くことにしました。
その人は誰ですか？
思いついた人の名前をあげてください。

③残念ながら、二番目に尋ねた人の
ところも留守でした。
もう、これが最後かもしれないと思い、
あなたは三番目に思いついた人のところを
訪ねることにしました。
その人は誰ですか？
思いついた人の名前をあげてください。

Test 31
診断

ノラ犬となったあなたが助けを求める人から、「あなたが本当に信頼している人」がわかります

一番目に思い浮かべた人……意識レベルの友人、知人、身近な人。

二番目に思い浮かべた人……ふだんは無意識レベルにとどまり、何かの折にふと思い浮かべる人。

三番目に思い浮かべた人……普段はほとんど思い出さないけれど、無意識レベルで自分にとって重要な存在と感じている人。

最初に思い浮かんだのは、普段からあなたの意識の中にある人物。日常的なレベルでの知り合いか、あなたにとって最も身近な存在と感じられる人です。

二番目に思い浮かんだ人は、普段は意識にのぼっていないかもしれないけれど、ふとしたときに思い浮かべることのある人。日常的なレベルで関わる人ではないかもし

れないけれど、付き合い続けたい人で、一番目に思い浮かんだ人よりも、困ったときの助けになりそう、ちょっとした相談にならのってくれそうと感じている人でしょう。

実はあなたが一番信頼しているのは、三番目に思い浮かべた人です。

私たちは周りの人について、その人が自分にとってどういう人なのか、無意識のレベルでわかっているところがあるものです。

ですから、すぐには思い出さない人のほうが、あなたにとってより重要な役割を果たす人であり、あなたが三番目にようやく思い出した人が、「自分にとって本当に信頼できる人だ」と感じ取っている人物なのです。

Test 32

久しぶりの休日。あなたなら何をして過ごす？

ここのところ
忙しい日々が続いて、
ようやく自由になる時間が
取れました。

さて、あなただったら、
何をして過ごしますか？

Ⓐ 料理や片づけ、日曜大工など、家の中のこと

Ⓑ 映画を観たり本を読んだり、自分の趣味に没頭

Ⓒ 交流会や社会活動など、人が集まる行事に参加する

Test 32 診断

休日の過ごし方から、あなたの「人生の障害となる人間関係」が見えてきます

あなたのライフスタイルから、あなたの人生において**「障害となりうる人間関係」**がわかります。

Ⓐを選んだ人……身近な「親や親戚」に要注意！

あなたは、自分の身の回りの快適さを求める人。何でも手の届く範囲に置いておくと安心なのです。人付き合いも家族や親戚など、身内の狭い範囲が中心になりそう。

そのため、よくも悪くも、親や親戚の意見があなたの生き方に大きく影響することになります。場合によっては、就職や結婚生活にも強く口出しされることがあるかもしれません。身内との付き合いは気楽な反面、窮屈なところもあります。もっと外の世界に出て、広く交遊関係を求めましょう。

Ⓑを選んだ人……〝男女関係の波瀾〟で悩まされることが……

あなたは、自分が夢中になれるものを求める人。恋愛の源である性的な本能が強い人です。異性に関心が強く、恋に落ちやすいところがあります。また、恋愛の情熱と同質のものを、仕事や趣味、ペットなどに注ぎ込むことも。

人付き合いは、自分に刺激を与えてくれる人との付き合いが好き。そのため、周りの人から見たら、あまりよろしくない異性と付き合うことがあり、異性問題で失敗することがありそう。グループでの付き合いなら、少し安心できます。

Ⓒを選んだ人……「同僚、仲間」から、思わぬ仕打ちを受ける？

あなたは、社会的な本能が発達した人。人とのつながりを求め、人の役に立つことに喜びを覚えます。人付き合いそのものが財産になる人です。

しかし、たくさんの人と付き合えば、それだけ人間関係での摩擦が生じることに。仕事の役割や地位によっては、上司や同僚、仲間と思っていた人から、足を引っ張られる可能性が。常に味方になってくれる人を見つけておきましょう。

Test 33

ふと気づくと、「自分が他の人と違う」! いったい、あなたは何者?

自分の住む街で、雑踏の中を歩いていると、あなたはふと、自分が他の人たちとは違っていることに気がつきました。いったい、あなたは何者?

Ⓐ 他の惑星から来た異星人

Ⓑ 誰にも見えない透明人間

Ⓒ 過去の生き残りである古代人

Ⓓ タイムスリップしてきた未来人

Test 33 診断

「他の人と違う」と感じる理由から、あなたの
人付き合いでの「問題点」がわかります

この質問では、あなたが周りの人との間で、どんなことに**「違和感」**を感じているかがわかります。そこから、人付き合いでのあなたの問題点を洗い出しましょう。

Ⓐを選んだ人……知らないうちに、自分に甘くなっている？

あなたは自分はどこか他の人と違っている、普通ではないと感じているようです。だから、自分はなかなか人には理解してもらえないと思っているのでは？　そんな意識から、自分に甘く、約束事やルールを守れないところが。あなたに必要なことは、まず「ドタキャンはしない」「言ったことは責任を持ってやる」といったことです。

Ⓑを選んだ人……自分の「殻」に引きこもりがち？

あなたは他人は恐いと感じているところがあるようです。だから、他人から離れて、

自分の中に引きこもっていたい。そんな意識が、あなたを周りの人に対して無関心にさせているのかも。人と関わることを恐れずに、もっと気前よく自分の時間を人に提供し、たわいない雑談などをしてみると、あなたの内面はより豊かになるはず。

Ⓒを選んだ人……「おせっかい」しているのに気づかないことが……

あなたは、他人のすることについ口を出したくなるところがあるのでは？　人に批判されたくないと思う一方、自分は他人に対して批判的になりがち。もしも、一生懸命に歯を食いしばっている自分に気づいたら、笑顔を作り表情を和らげましょう。そして、自分や他人のいいところを見つけ、ほめてあげましょう。

Ⓓを選んだ人……「深い付き合い」のできない〝軽さ〟があるみたい

あなたは、基本的にポジティブシンキングの人ですが、自分にとって楽しくない付き合いや、面倒な関わりは避けようとします。そのため、どうでもいいような会話ならいくらでもできるのに、大事な話や深刻な話は避けようとしがち。表面的な付き合いだけに終わらないよう、大事な人との会話の内容を深めましょう。

Test 34

友人の家に行く途中、道に迷ったあなた。さて、どうする？

あなたは友人の家を
初めて訪れることになりました。
駅を出て、教えられた通りの道を
歩いていきましたが、
途中で迷ってしまいました。

友人の家は、駅からそれほど遠くないはず。
さて、どうする？

Ⓐ 交番で道を尋ねる

Ⓑ 犬を散歩させている人に尋ねる

Ⓒ 携帯のナビ機能を使って自分で探す

Ⓓ 友達に直接電話する

Test 34
診断

道に迷ったときの行動から、あなたの
人との「距離の取り方」がわかります

あなたがどうやって友人宅への道を見つけるかということから、あなたが普段**「人とどんな距離感で接しているか」**が読み取れます。

Ⓐを選んだ人……身近な人と〝親密〟に付き合いたい！

交番で道を尋ねる人は、人間関係において「安心・信頼」を求める人。そのため、見ず知らずの他人より、お互いをよく知る仲間や身内の付き合いを大切にしようとします。友人や職場の人とも、家族ぐるみで付き合えるような関係が望ましいよう。

Ⓑを選んだ人……「一対一」でじっくり向き合いたい！

犬の散歩をしている人に尋ねる人は、自分の周りの一人ひとりの人と気持ちの触れ合うような付き合いを求めます。相手のことを思いやり、困ったときは「お互い様」

と手助けしてあげようとします。自分自身はどちらかというと、人の世話をしたり、助けてあげる側にいたいようです。

Ⓒを選んだ人……「深入りされない」距離感を保ちたい！

携帯のナビ機能を使って自分で探す人は、たとえ友人や家族でも、「自分のテリトリー」に踏み込まれたくない人。プライベートなことにあまり深入りされたくないので、距離のある付き合い方をするでしょう。人と会っても、趣味や仕事など、お互いに興味を持っていることの情報交換に役立つような付き合いを求めます。

Ⓓを選んだ人……「ホンネで話せる」関係が大切！

友達に直接電話する人は、ストレートに自分の意見や思いを伝えることができ、何でも「ホンネで話せる対等な関係」を求めています。

友人との関係も、常識や善悪を基準に判断するのではなく、お互いに共通の目的や目標があり、両者の付き合いでどちらも利益を得られるようなウィン‐ウィンの関係を望んでいるタイプ。

Test 35

温泉旅行の宿探し。一番心惹《ひ》かれる宿は？

温泉旅行に行くことにしました。
インターネットの検索サイトで
旅館を探しています。
同じ値段で五つの候補が
上がってきました。

口コミで選ぶとしたら、どこにしますか？

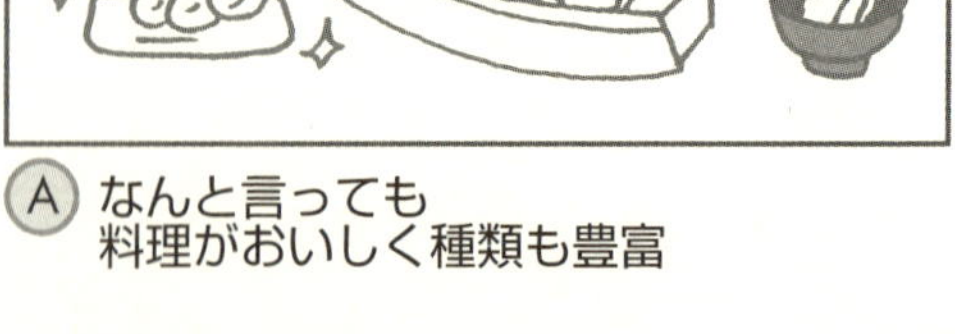

Ⓐ なんと言っても
料理がおいしく種類も豊富

Ⓑ 隅々まで掃除が行き届いていて清潔感がある

Ⓒ 従業員も親切で家族のようなおもてなし

Ⓓ 従業員もあまり立ち入らず隠れ家的で静かに過ごせる

Ⓔ かの有名人も宿泊したことがあるという老舗

Test 35
診断

あなたの選ぶ宿泊先から、あなたが「家族や身近な人にどう思われているか」が見えてきます

宿泊先選びには、日頃あなたが快適と感じている過ごし方が反映されます。そこから、あなたの性格がわかり、**家族や身近な人にどう思われているか**が診断できます。家族は、あなたの一番身近な存在。そこから、**「お世辞抜きのあなたの評価」**がわかります。

Ⓐを選んだ人……「タフで、心配のいらない人」と思われている

食べ物に強い関心を持つあなたは、エネルギッシュで活動的な人。喜怒哀楽がはっきりしていて、何を考えているのか、とてもわかりやすいタイプ。身近な人からは、あまり細かいことで悩んだり、クヨクヨしたりすることのない、さっぱりした人と思われていることでしょう。

家族からは、いざというときに頼りになると思われているはず。何があっても大丈

夫な人と見られがちなので、たまには「私だって、悩んだり、傷ついたりすることがあるのよ」と言ってみるといいかもしれません。

Ⓑを選んだ人……「働き者だけど、口うるさい人」と思われている

清潔感を大事にするあなたは、何事にも完璧を求める人。秩序のある生活を求め、礼儀やマナー、常識を重んじるタイプ。身近な人からは、しっかりしていて働き者と思われ、中には「あの人を見習いたい」と思っている人もいるかも。

家族からも、「真面目できちんとした人」と思われていることでしょう。ただし、ちょっと口うるさいと感じられるところがあるようなので、周りの人の至らない点には目をつぶり、大らかに構えてあげましょう。

Ⓒを選んだ人……「気がきくけど、ときどき度が過ぎる人」と思われている

アット・ホームなおもてなしを好むあなたは、自分のことより周りの人のことを考えて行動する気配りの人。周囲の人との付き合いや日常の細々としたことで気働きができ、身近な人からは、まめな人と思われているようです。また、遠慮深く、謙虚な

人と思われているところも。

家族からは、もちろん家庭を大事にする人と思われているでしょう。ただ、ちょっとお節介と思われるところもあるようです。よかれと思っても、お節介はほどほどに。

Ⓓを選んだ人……「個性的で、変わった人」と思われている

隠れ家的な静けさを好むあなたは、自分だけの時間や空間を必要としている人。日頃から、自分の仕事や趣味に打ち込み、周りをうるさく感じるタイプなのでしょう。自分のやることに口を挟まれることを何より嫌います。身近な人からは、偏見や固定観念に縛られない自由な人とか、個人主義の人と見られているようです。

家族からは、「少し変わっている」とか、「普通とはちょっと違うみたい」と思われているかも。コミュニケーションを絶やさないよう、家族と食事をしたり、一緒に過ごす時間を大切にしましょう。

Ⓔを選んだ人……「デキる人だけど、見栄っぱり」と思われている

有名人という言葉に心を動かされたあなたは、何をするにも具体的な目標を持って

行動する人。身近な人からは、何でもテキパキやれる人と思われているようです。人前では物おじせず、社交性のある人とも見られていそう。

家族からは、「活動的でよく働く人」だけれど、「人前でいい顔をする見栄っぱり」なところもあると思われているようです。家族に対しては、「他人に自慢できるような地位や学歴、職業などを得てほしい」といった過度な期待を押しつけがちなので、本人の意思や欲求を尊重し、あるがままを受け入れるようにしましょう。

Test 36

「もっとわかるように説明して!」と言われたら……?

企画会議の席。
あなたがある企画について説明していると、
出席者から、
「もっとわかるように説明して」
と言われました。
そこで、あなたは出席者に意図が伝わるように
説明し直すことにしました。

さて、どんなふうにして？

Ⓐ「では、結論から言わせていただきます」

Ⓑ「では、お手元の資料を読ませていただきます」

Ⓒ「では、もう一度、初めから順を追ってご説明します」

Ⓓ「では、わからなかった点を、どうぞご自由にご質問ください」

Test 36 診断

説明の仕方から、あなたの「リーダーシップ度」がわかります

わかりやすく説明するためのやり方は、あなたが**その場を仕切る方法**を示していま す。そこから、あなたの**リーダーシップ度**と、どのようなスタイルで人をリードして いくのが向いているのかを診断しましょう。

Ⓐを選んだ人……統率度高し！ 文句なしの〝リーダー・タイプ〟

あなたはチームリーダーとしてみんなを引っ張っていけるタイプ。目標達成のプロセスを導き出し、組織を動かしていくことができます。

自分が中心になって働き、テキパキと効率よく物事を処理していきます。人の能力を見抜く力があり、チームのメンバー一人ひとりのやる気を引き出します。

そんなあなたは、才能のある人や仕事のできる人をサポートして売り込むマネージャーや、いろんな能力を持つ人が集まるプロジェクトのプロデューサー的な立場が向

いています。〝チームの成功〟を「自分の手柄」とするのではなく、「メンバーみんなの貢献」として認めることが、あなた自身の器を大きくします。

Ⓑを選んだ人……縁の下の力持ち！「フォロワータイプ」

あなたは自分がリーダーになるより、リーダーを求めるタイプ。優れたリーダーや指導者についたほうが、自分の能力を発揮しやすい人です。

組織の中では、他の人がやりたがらない地味な仕事や、縁の下の力持ちのような仕事も、嫌がらずにやるでしょう。目立たないところで貢献し、全体を支えることに喜びを感じられる人です。

一方で、何か模範とするものがないと、どうしていいかわからず迷いやすいタイプでもあります。もし、自分がリーダー的な立場に立たざるを得ないときは、尊敬する上司や、これまで自分が従ってきたリーダーのやり方を踏襲するといいでしょう。その人のことを思い浮かべ、「あの人ならどうしただろうか」と自らに問うことで、決断が促されます。

Ⓒを選んだ人……ナンバーツーに適任！「お目付け役」タイプ

あなたはリーダーを支えるサブリーダー的な立場が向いている人。自分はリーダーではないけれど、リーダーに対して対等にものを言うことのできる人。つまり、リーダーの〝お目付け役〟となるようなタイプです。

他のメンバーなら、リーダーのやり方に不満があっても、なかなか率直にものが言えないことがあります。しかし、あなたなら、リーダーのやり方が間違っていると思えば、はっきりとそれを伝えることができます。他のメンバーたちの意向を伝え、リーダーの判断の偏りやゆがみを是正していくことができます。

良識と正義感を発揮し、チーム全員から信頼される人になれるでしょう。

Ⓓを選んだ人……家族的な組織に！「ワンマンリーダー」タイプ

あなたは、臨機応変の態度がとれるワンマン型リーダータイプ。自分の裁量で場を仕切り、人を動かしていくことができます。

あなたの口から発せられる言葉は、「あれをして」「これをやって」と行動に直結する言葉が多く、それが人を動かすことにつながっているようです。人に命令するだけではなく、自分自身も行動するので、周りの人もその姿を見たら動かざるを得なくなるのでしょう。いわゆる〝カリスマ性〟のある人です。

また、どんな人でも受け入れるキャパシティの広さを感じさせる人です。有能な人だけではなく、普通ならあまり評価されづらく、「使えない」と見なされるような人もチームのメンバーに加え、家族的なグループにまとめることができそうです。

Test 37

まさかのダブルブッキング！　どう対応する？

前からAさんと会う約束をしていたのですが、
それと同じ日時に
Bさんとも会う約束をしてしまいました。
これは完全なダブルブッキング。

直前になって、そのことに気づいたあなたは、
さて、どうしたでしょうか？

Ⓐ 先に約束したAさんを優先し、急いでBさんに連絡し、謝って予定を変更してもらう

Ⓑ 後で約束したBさんに会いたいので、急いでAさんに連絡し、謝って予定を変更してもらう

Ⓒ Aさんを優先すればBさんに悪いし、Bさんを優先すればAさんに悪いと思い、なかなか決められない

Ⓓ 二人に連絡し、少し時間をずらしてもらって、その日のうちにAさんとBさんに会うようにする

Test 37
診断

ダブルブッキングへの対応から、あなたの
「ワガママ度」「二重人格度」がわかります

自分のミスで起こった不都合をどう処理するか、Aさん、Bさんのどちらを優先するか――選んだ答えから、あなたの**ワガママ度**と同時に、**二重人格度**がわかります。

Ⓐを選んだ人……ワガママ度★★　二重人格度★★★

約束の順番を守る人は、ワガママになれない人。自分の本当の欲求を抑えているところがあるようです。

そんなあなたの心の中には、見張る自分と見張られる自分という、二人の自分がいます。見張る自分はもう一人の自分を戒《いまし》め、たいていそれに従っているのでしょう。でも、ときどきそれが抑えきれなくなって、「思いっきりはじけたい」とか「堕ちるところまで堕ちてみたい」という暗い衝動となって、突き上げてくるのかも。多少、二重人格的なところがあるようです。

Ⓑを選んだ人……ワガママ度★★★★　二重人格度★

後の約束を先にする人は、順番を気にかけない人。自分のやりたいことやその場での思いつきを、とくにワガママ勝手とは思わず実行しようとするところがあります。

あなたの心の中では、「こうしたい」という欲求を持つ自分と、その欲求にＯＫを出す自分とが一致しているのでしょう。自分の中に矛盾を感じることはあまりなさそうです。そういう意味ではきわめてシンプルでわかりやすい人と言えます。二重人格的なところは見られません。

Ⓒを選んだ人……ワガママ度★　二重人格度★★★★★

両方のことを考えてしまう人は、順番を守ろうとする人。でも、どういう順番を守ればいいのかがわかりません。自分の中に「明確な基準」がないからでしょう。

それは自分がないということではなく、むしろ、あなたの心の中には複数の自分がいて、一つのことに対してもいろんな意見を持ち、「ああでもない、こうでもない」と議論し合っているのでは？　ときには正反対の意見や矛盾する考えも浮かんでくることでしょう。それで、あなたは自分を二重人格、三重人格と感じることがあるのではないでしょうか。まさに多重人格的なところのある人です。

Ⓓを選んだ人……ワガママ度★★★★★　二重人格度★★★★

両方に会うというあなたは、とてもワガママな人。自分の不注意から人に迷惑をかけるということを、あまり気にかけていないよう。あなたは自分の欲求に忠実で、自分のやりたいことをやり、欲しいものは今すぐ手に入れようとするタイプ。

欲求のままに行動しているときは、非常にハイで明るい人です。その反面、欲求や衝動が満たされないと、気分が落ちこみがちになるでしょう。二重人格というより、機嫌のいいときと不機嫌なときで、別人のようになりうる〝隠れ二重人格者〟のようです。

4章

一問答えるごとに、未来が開けていく!

世渡り上手度、サバイバル能力、壁の壊し方……

Test 38

冷蔵庫には卵だけ。さて、何を作る？

友達が遊びに来たので、
何か料理を作ろうと思ったら、
冷蔵庫には卵しかありません。

さて、その卵で何を作りますか？

Ⓐ だし巻き卵

Ⓑ スクランブル・エッグ

Ⓒ ゆで卵

Ⓓ 卵かけごはん

Test 38 診断

どの卵料理を作るかで、あなたの「世渡り上手度」がわかります

卵はあなた自身を表わし、友達のために作る卵料理は、あなたが人との関わりにおいて、自分をどう表現し、どんな自分でありたいかを表わします。ここでは、あなたが社会でどう行動するかを、**「世渡り上手度」**という側面から診断していきます。

Ⓐを選んだ人……嘘がつけない〝生真面目〟すぎる人

時間をかけて丁寧に作るだし巻き卵を選んだあなたは、嘘やごまかしができず、何事も公平でなければという気持ちが強い人。けっして世渡り上手とは言えません。とはいえ、持ち前の粘り強さと誠実さで、周りの人からは信頼されているはず。

Ⓑを選んだ人……要領よし！　器用&スムーズに世渡り！

パパッと作れておしゃれ感のあるスクランブル・エッグを選んだあなたは、何でも

テキパキと効率よくやっていける人。物事をあまり複雑に考えず、前向きに進めるので、それなりの結果を出せる人です。また、持ち前の行動力を発揮すれば、仕事のできる人という評価が得られそうです。世渡り上手な人と言えるでしょう。

Ⓒを選んだ人……内にこもりがち。〝実力〟があるかどうかが肝心

後で殻をむくことになるゆで卵を選んだあなたは、自分の世界を持っている人。周りの人とは、心理的に距離を置いているところがあるかもしれません。自己アピールが苦手で、自分を売り込むのは不得手なようです。世渡りは下手な人だと言えるでしょう。専門知識や技術をしっかり身につけ、実力があれば、高く評価される人です。

Ⓓを選んだ人……ストレートすぎ!?　エネルギッシュさが〝救い〟

卵を割るだけの卵かけごはんを選んだあなたは、行動的なぶっちゃけタイプ。すぐホンネを口にするところがあります。肝が据わっていて、人前でも、物怖じせず堂々としています。そんな率直な言動で周りとぶつかることがあり、世渡り上手とは言えませんが、打たれ強く、持ち前のエネルギーで世の中を渡っていける人。

Test 39

複雑な組み立て家具。マニュアルも難しそう……

通販で組み立て家具を買いました。
梱包を解いてみると、
部品がいろいろあり、結構複雑。

さあ、あなたなら
どうしますか?

Ⓐ マニュアルにざっと目を通した後、すぐに組み立て始める

Ⓑ マニュアルを丹念に読んでから、その通りにきちんと組み立てていく

Ⓒ すぐにはムリ、面倒くさいと思い、後でやることにする

Test 39 診断

組み立て家具への取り組み方から、「十年後のあなたの姿」が見えてきます

組み立て家具は、あなたの人生を意味しています。どうやって家具を組み立てるか、その姿勢は、あなたの人生に対する姿勢と同じ。そこから、**十年後のあなたがどうなっているか**を診断しましょう。それがあなたの生き方です。

Ⓐを選んだ人……「イメージ通り」の未来が手に入りそう

〝考えるより行動が先〟の人。積極的に自分の人生を切り開いていくタイプです。チャレンジ精神旺盛ですが、発想が短絡的ですぐ結果を求めるところがあります。仕事もプライベートも出たとこ勝負で、うまくいくこともあれば失敗もありで、なかなか見通しがたちません。それでも十年後に振り返れば、試行錯誤を続けながら、自分がやりたいと思っていたことに、少しずつ近づいていることがわかるでしょう。

Ⓑを選んだ人……「ごくごく普通」で人並みな生活ができそう

慎重で計画的に行動する人。先のことを考えると不安になりやすく、できるだけ安全な道を歩もうとするタイプです。仕事もプライベートも安定志向で、あまり危険な賭けはしません。「人並み」の生活をめざし、自分の役割をコツコツとこなし、手堅い人生を送るはず。十年後は、派手ではないけれど、一定の収入を得ているでしょう。ある程度貯金もできて、ごく普通の家庭を営んでいるかも。

Ⓒを選んだ人……「今とあまり変わらない」生活が待っている!?

なかなか動き出さない人。何をするにもスタートが遅く、やり始めたら終えるまでに時間がかかるというタイプです。仕事もプライベートも、面倒な事態は避けたいようです。十年後といえど、今とあまり代わり映えしないかもしれません。

ただ、自分の興味のあることには、じっくりと粘り強く取り組める人。ですから、他の人ならとっくに飽きてしまって放り投げるような時間のかかる仕事や夢が、その先、少しずつ形になっていくかもしれません。

Test 40

夏祭りのスタッフになったあなた。
どの役割を選ぶ？

広場を借りて夏祭りのイベントが行なわれます。
あなたは主催者側のスタッフなので、
当日、必ず何かの役割を
担当しなければなりません。

どの役割なら、やってもいいと思いますか？

Ⓐ 会計係（金銭管理・帳簿付け）

Ⓑ 司会進行係（初めのあいさつから、来賓接待、終わりの言葉まで）

Ⓒ 余興係（歌・踊り、お笑いその他、自分も出演）

Ⓓ 見回り係（トラブルがないよう会場全体を巡回）

Test 40
診断

夏祭りで担当してもいいと思う役割から、あなたの
人生の「キーパーソン」となる人が見えてきます

担当してもいいと思う役割は、あなたが得意としていること。そこから、仕事や人生でよりよい方向に進むために、キーパーソンとなる人物をあげてみましょう。

Ⓐを選んだ人……よい「メンター」と出会えれば、人生が好転！

あなたは地味な仕事にも手を抜かず、几帳面にコツコツとやれる人。自分から創意工夫するというよりも、言われたことをやるほうがストレスがなく、しかもより質の高い仕事ができそう。

そこで、あなたにとって大事なのは、頼りにできる導き手を見つけること。職場では、実際の指導に当たってくれる師と呼べるような人を見つけるとよいでしょう。頼りがいのある上司や先輩の下につけば、安心して仕事ができます。

Ⓑを選んだ人……「目標とする人」を追いかけると◎

あなたは現実的で、実行力のある人。自分から積極的に行動し、やるべきことをやり遂げます。仕事の面ではストイックで、高い目標を掲げているようです。それだけに、理想が高く、現実とのギャップに歯がゆい思いをすることもありそう。

そんなあなたに必要なのは、日頃から尊敬している人、「あの人のようになりたい」と憧れる人を手本とすること。そういう人は有名人であったり、とても多忙な人かもしれませんが、その人の著作やブログを読んだり、講演会などに参加してみるとよいでしょう。

Ⓒを選んだ人……「辛口な忠告」をしてくれる友人が必要

あなたは明るく活発で、アイデア豊富な人。誰とでもすぐ親しくなれ、どんなことでも器用にこなせます。ただ、興奮状態になると、周囲の視線が意識できず、大きく脱線してしまいがち。

つまりはお調子者的なところがあって、人からは面白がられ、重宝がられるかもしれませんが、あなたにとっては、むしろ「耳の痛いこと」を言ってくれる友人こそ貴重な存在。親身になって叱ってくれる人を敬遠してはいけません。真摯《しんし》に耳を傾けましょう。

Ⓓを選んだ人……〝冷静なご意見番〟がいてくれると安心！

あなたは何でも自力でやれる人。仕事も引き受けたら、全部自分で仕切って一人でやろうとします。人前で目立つことをするよりも、陰で人に影響を与えるようなことをやりたいという気持ちがあるのでしょう。ただ、あまり物事を深く考えていないところがあり、仕事や人間関係での問題では、結論を急ぎすぎる面も。

あなたにとっては、知的で思慮深く、必要とする情報によく通じ、どんなときにも冷静な、アドバイザー的な人が必要です。

Test 41

SNSで「友達」になりたい人の数は？

SNS（ソーシャルネットワークサービス）を始めることにしました。
あなたから友達リクエストしてつながりたい友達の数は、どれぐらい？

Ⓐ 五人
Ⓑ 二十人
Ⓒ 百五十人
Ⓓ 千人

Test 41 診断

SNSでの友達リクエストの数から、あなたの仕事の〝落とし穴〟が見えてきます

SNSでつながりを持ちたい人数は、あなたの社会性や社交性を表わしています。社会性や社交性は、仕事にも影響してくるはず。そこで、あなたが**仕事で陥りやすい問題点とそこからの脱出法**を診断しましょう。

Ⓐを選んだ人……仕事の〝スタートダッシュ〟を意識して！

少ない人数を選んだあなたは、プライベートを大切にするタイプ。仕事はスタートが遅く、着手するまでに時間がかかります。結果、期限に間に合わず、仕事が遅れ遅れになる傾向があります。あまり人の話を注意深く聞かないので、上司の指示や大事なことを聞き逃し、いい加減な仕事をしていると見なされることも。

何事においても、「まだ準備ができていない」と思って、ぐずぐずする傾向があるので、言われたことはすぐにやる、行動に移すということが必要です。

Ⓑを選んだ人……〝同時進行の仕事〟のスケジュール管理が課題！

二十人程度の人数を選んだあなたは、人付き合いそのものは苦手ではないけれど、社交的な付き合いとなると、急に面倒になるタイプ。仕事は、自分の興味のあることや得意なことであればのめりこみ、クオリティの高い仕事ができます。

ただ、複数のことを同時にやるのが苦手で、何かに集中していると、他のことがおろそかになってしまいがち。整理整頓ができず、とくに書類関係の処理が後手に回ってしまいそうです。

長いスパンでいい仕事をしていくためには、いくつかのことを並行して処理していくことも必要。仕事の計画表を作り、やるべきことを書き出して、集中している仕事の合間に、他のことも同時進行で、一つひとつクリアしていきましょう。

Ⓒを選んだ人……〝謙虚な姿勢〟で仕事をよりスムーズに！

百五十人という人数を選んだあなたは、要領よく社会に適応していける人。仕事の面でも、上司や周りの人とうまくコミュニケーションをとり、自分のやるべきことや指示されたことをきちんとやり遂げられます。

ただ、仕事がうまくいっているときは、つい自信過剰になり、周りに敵を作ってしまうことにもなりかねません。仕事の場面では、人間関係で無用な葛藤やストレスを抱え込まないよう、誰に対しても感じよく振る舞い、謙虚に対応しましょう。陰で悪口を言われたり、足を引っ張られるような敵を作らないことです。

Ⓓを選んだ人……器用貧乏にならないよう「粘り強く」取り組んで！

千人という人数を選んだ人は、きわめて社交性があり、誰とでもすぐ友達になれてしまう人。人との交流を通して得るものが多いと考えている人で、それだけ自分が何者かになりたいという野心も強いタイプです。仕事はフットワークが軽く、頭の回転も速いので、何でも器用にこなせるでしょう。

けれども、一つのことを粘り強く続ける根気や集中力には欠け、上司や周りの人からは、「調子のいいやつ」と見られる可能性が。一攫千金を夢見るのもいいけれど、地道にコツコツやり遂げることで実績を積んでいくことも必要です。

Test 42

引き出しの中にしまわれているものは——？

引き出しがあります。その中に入っているものは何ですか？

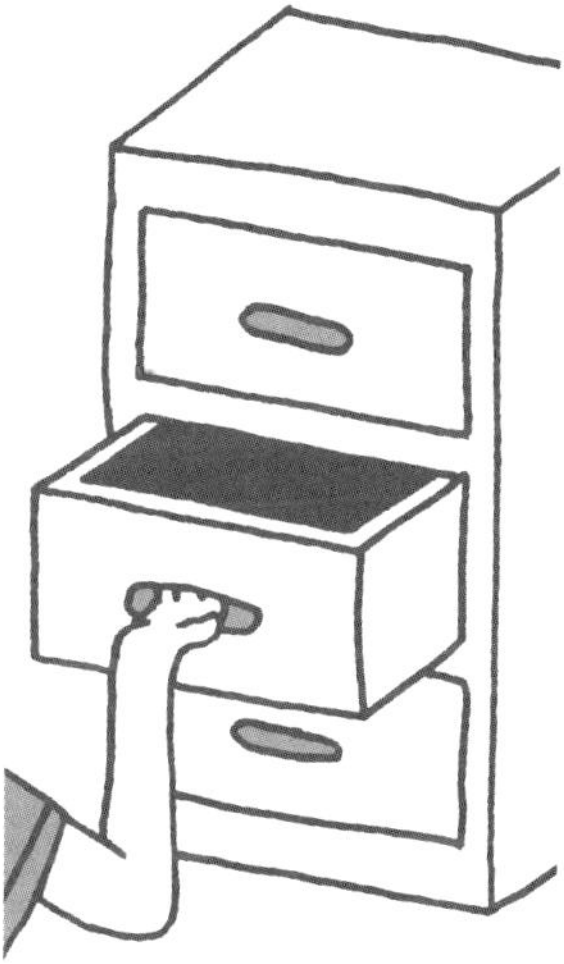

Ⓐ 書類・筆記用具
Ⓑ 通帳と印鑑
Ⓒ 古い日記やアルバム
Ⓓ 何かのおまけやガラクタ

Test 42
診断

引き出しの中身から、あなたが「いつも気にかけていること」がわかります

私たちの頭の中には、ものを考えるための思考空間が広がっています。ここでの引き出しとは、その思考空間を意味します。その中に入っているものは、普段からよく頭に思い浮かぶこと、あなたが「気にかけていること」を表わしています。

Ⓐを選んだ人……「やるべきことリスト」に追われている!?

あなたの頭の中にあるのは、今あなたがエネルギーを傾けている仕事や活動のこと。頭の中は、さまざまなアイデアや計画、段取りでいっぱい。「あれをやろう」「これをやっておこう」という「やることリスト」を考えています。遊びよりも仕事優先の人。

Ⓑを選んだ人……「先行き」の空模様を心配！

あなたの頭の中にあるのは、義務的なこと。たとえば、公共料金や学費、家賃の支

払いなど、自分や家族の暮らし向きや健康について、頭を悩ませているタイプ。あなたは、日頃から将来のことを考えて、きちんと蓄えをしておこうとする人です。

Ⓒを選んだ人……「ここではないどこか」を夢想！

あなたの頭の中にあるのは、さまざまな感情を伴う記憶。何かと過去のことを思い出しては懐かしんだり、「あの人、どうしているかしら？」などと、思い浮かべているのではないでしょうか？　そして、「切ない」「寂しい」「嬉しい」などと、自分の中にわき起こる感情について、あれこれと思いを巡らせているタイプ。

Ⓓを選んだ人……〝ごちゃごちゃ〟のおもちゃ箱状態！

あなたの頭の中にあるのは、とりとめもない雑念。つい最近耳にした噂話や情報、また、つけっ放しにしていたテレビから流れていたＣＭの音楽やフレーズなど、わりと「どうでもいいようなこと」がよく頭の中に浮かんでくるタイプ。引き出しの中を空っぽにするように、雑念を捨て去れば、物事に集中でき、よい考えも浮かびます。

Test 43

あなたは、速読派？　遅読派？　乱読派？

本や雑誌の読み方。
あなたは普段、
どんな読み方をしますか？

次の四つの中から
選んでください。

Ⓐ 速読（一冊の本を短時間で読み終える）

Ⓑ 遅読（一冊の本を読み終えるのに何日もかかる）

Ⓒ 乱読（一冊の本を読み切らないまま、他の本を読み始めたりする。何冊も読みかけの本があったりする）

Ⓓ 集中読（一冊の本を読み始めたら、それだけに集中して読み終える）

Test 43
診断

本の読み方から、あなたの

「論理力と直観力」がわかります

本の読み方からは、**あなたの頭の働きと物事のとらえ方**がわかります。

Ⓐを選んだ人……合理主義だけど〝詰めが甘い〟ところあり

読書に効率を求め、要点を押さえることのできるあなたは、感情を交えずに物事を判断する合理主義者。周りからは〝頭の切れる人〟と思われていることでしょう。

しかし、あなたは論理的な筋道を追って物事を考えているというより、むしろ、感情に訴えるようなイメージで物事をとらえている人。その証拠に、スピーチはうまくできるのに、文章にして自分の考えを表現しようとすると、なかなか論理的な文章が書けないのでは？　だから、表現したいことは図解するといいのです。

Ⓑを選んだ人……〝ふわふわした妄想〟を活用できれば◎

何日もかけて一冊の本を読む人は、現実の世界よりも自分の内面の世界に引きこもる傾向のある人。日頃からぼんやりしていて、ふと我に返ると「考えごとをしていた」というときがあるのでは？

とはいえ、その「考えごと」は何か論理的なことを考えているのではなく、どこか心地よい白昼夢か妄想のようなもの。とりとめのない空想をうまい形で表現できれば、クリエイティブな活動につなげていくことができます。

Ⓒを選んだ人……頭の回転は速いけど屁理屈多し!?　瞑想を取り入れて

同時に何冊も読んでいるという人は、頭の中がいつもフル回転している人。呑み込みが早く、何でもすぐわかった気になります。

でも、それは気が散りやすいということでもあり、深く理解しているかどうかは、また別問題。あなたの場合、「頭の回転」のほうが「実際の行動」よりも速いので、思考は空回りしがちなのです。本来、思考能力は十分にあるのに、それが空回りすると、屁理屈を言うことになりがち。
あなたには頭の回転をスローダウンさせるために、瞑想するのをお勧めします。

Ⓓを選んだ人……〝直観〟に優れ、インスピレーションで行動！

集中して一冊の本を読み終えるのは、それだけエネルギーが必要。あなたはとてもエネルギッシュで、何かにのめりこむと、その対象と一体化したようなハイな感覚を味わえるでしょう。そんなときは、まるで世界が魔法の国のようにきらきらと輝いて見えるはず。一種のトランス状態と言ってもよく、物事を探求して革新的なアイデアを生み出したり、クリエイティブな仕事ができるでしょう。

合理的な判断力や分析力よりも、本能的な予知能力や直観力が働くタイプです。ただ、自分の身の回りのケアがきちんとできない場合があるので、日常生活や健康面での自己管理ができるようになりたいものです。

Test 44

新生活のスタート。真っ先に使うものは？

一人暮らしをすることになりました。引っ越し先に着いて、一番最初に梱包を解いたのは、次の四つのものが入っている箱のうち、どれでしょうか？

Ⓐ 服・バッグ
Ⓑ キッチン用品
Ⓒ 通帳や貴重品
Ⓓ テレビ・PC・オーディオ機器

Test 44 診断

新しい生活で最初に必要とするものから、あなたの「サバイバル能力」がわかります

一番最初に開けた箱の中身は、あなたが**日頃、最も頼りとしているもの**を象徴しています。そこから、あなたがどんな**サバイバル能力**を持っているかがわかります。

Ⓐを選んだ人……「見えないところ」での努力がものを言う！

身に着けるものの入った箱を選んだあなたは、日頃から人に見られる自分を意識している人。たとえ苦境に陥っても、カッコ悪い自分を見せたくないので、人前では余裕のあるふり。でも、見えないところで、這い上がろうと必死で頑張っているのです。そんなふうにして、あなたは人知れず努力を重ね、サバイバルしていけるでしょう。

Ⓑを選んだ人……したたかに、一歩ずつ前進できる人

キッチン用品の入った箱を選んだあなたは、地に足が着いていて、少々のことでは

たじろがない人。苦境に陥っても現実を受け止め、そこから抜け出すために着実にやるべきことをやり、前進していきます。自分で思っている以上に、したたかに生き延びる力を持っています。自分だけではなく、周りの人のサポートもできるでしょう。

Ⓒを選んだ人……心配性ゆえの「備え」でしのぎ通せそう！

通帳や貴重品の入った箱を選んだあなたは、心配性な人。苦境に陥ると、その先もっとひどいことになるのではないかと、悪いほうへ想像力を働かせてしまいます。でも、心配性ゆえに、万一のときの備えや蓄えはできているもの。いざというときには、人一倍勇敢に行動でき、周りも驚くようなサバイバル力を発揮するはず。

Ⓓを選んだ人……〝危機〟でこそ能力が開花する！

テレビやPC、オーディオ機器の入った箱を選んだあなたは、一つのことにはまりやすいタイプ。苦境に陥ったときは、それが刺激となって、平穏で安泰なときよりも、むしろエネルギッシュに行動できるタイプ。自分の能力をフルに発揮し、「好き」や「得意」を活かせば、うまく生き延びられるでしょう。

Test 45

あなたが幼い頃、唯一心を開けた相手は？

あなたはセレブなお嬢さま（お坊ちゃま）。
富豪の家に生まれ、
大邸宅で何不自由なく暮らしています。
でも、幼い頃から両親はほとんど家におらず、
寂しい思いをしてきました。

そんなあなたにとって、
心を開けた相手はただ一人。

それはいったい、誰だったでしょうか？

Ⓐ 執事

Ⓑ 料理女

Ⓒ 庭師

Ⓓ 使用人の子

Test 45 診断

心を開けた相手から、あなたの

「仕事の〝壁〟の壊し方」がわかります

四人の人物は**社会に適応していくための四つの知恵**を表わしています。どの人物を選んだかで、あなたがどのような知恵を信頼しているかがわかります。その知恵に従えば、仕事で行き詰まったときに、うまく切り抜ける方法を見つけられます。

Ⓐを選んだ人……「石の上にも三年」。忍耐が肝心！

執事は主人に従う忠実な人。あなたも上司や先輩の指示に従い、忍耐強く働きましょう。理不尽に思うことがあっても、我慢に我慢を重ね、黙って前例に従うべし。そうすればやがては、思ったことを自由に発言できる立場になれるはず。

Ⓑを選んだ人……「直観」に従い、肝の据わった決断を！

料理女は、人間が本能に従うものであることを知り、世俗の知恵に長《た》けた人。あなたも上司や先輩のタテマエ的な発言に騙されず、ホンネの部分をかぎ取りましょう。噂話や職場の漠然とした雰囲気から、「どうもこの人は信用できない」「これは、どこかうさんくさい」と感じたら、その直観を大事にして。

Ⓒを選んだ人……「流れに任せる」ことで、次第に好転

庭師は自然の法則に従う人。どんな植物も時期が来なければ芽も出ないし、花も咲きません。あなたも、仕事で困難な状況に陥ったときには、無理をせず自然な流れに任せてみましょう。意見の対立や派閥争いのときは、どちらか一方に加担するのではなく、「どっちにも一理あるなあ」と両方に賛成し、敵を作らないのが一番。

Ⓓを選んだ人……「違う価値観」が、よい刺激とカンフル剤に！

使用人の子は、価値観の違う世界に生きる人。一つの職場にいれば、その中で通用する価値観がすべてのように思えるかもしれませんが、でも、別の場所に行けば、人は違った価値観で働いているもの。仕事に行き詰まったときこそ、発想の転換を。ＳＮＳなどでいろんな人とつながり、情報を交換するのもよいでしょう。

Test 46

大事な企画会議直前！　いかに備える？

朝の企画会議で発表することになっていた企画書を、
ほぼ徹夜で書き上げて持って行きました。

ところが、会議は急に、
その日の午後に変更されることに。
午前中、少し余裕ができたあなたですが、
何をして過ごしますか？

Ⓐ うまく話せるよう、プレゼンテーションの練習をしておく

Ⓑ 誤字脱字などがないか、企画書をチェックしておく

Ⓒ 同僚に目を通してもらって、意見を聞く

Ⓓ 内容について、もう一度じっくり考えてみる

Ⓔ 何もしない。出たとこ勝負でいく

Test 46
診断

会議直前のアクションの起こし方から、あなたを「評価してくれる上司のタイプ」がわかります

会議の前の準備の仕方と心構えから、あなたが上司や目上の人にどのような印象を与えやすいかがわかります。ここではあなたが**「どういう上司から評価されやすいか」**を診断しましょう。

Ⓐを選んだ人……〝やる気重視の上司〟に鍛えられる！

あなたはいつも、「職場ではやる気充分！」な人。同じようにやる気にみなぎり、積極的に仕事に取り組む熱心な上司なら、あなたの頑張りを高く評価してくれること間違いなし。

しかし、保守的な考え方をする上司は、あなたの積極性をスタンドプレーと見なすことも。とくに、経理や総務のような堅い部門に就いた場合、厳しい評価を下す上司とぶつかる可能性が高いかも。口うるさい上司の前では、普段から上下関係を意識し、

腰を低くしたほうがいいかもしれません。

Ⓑを選んだ人……〝完璧主義上司〟に信頼される！

あなたは責任感が強い人。たいていの上司からは、その丁寧でミスのない仕事ぶりが信頼されます。とくに、あなたと同じように責任感が強く、仕事には完璧を求めるようなタイプの上司から、高い評価を受けるでしょう。経理や総務系の部門に就けば、真面目な仕事ぶりが買われます。

しかし、野心的で、営業系のアグレッシブな上司からは、信頼はされても、あまりかわいがられないでしょう。「暗い」とか、「仕事が遅い」「言い訳が多い」などと言われてしまいそう。もっと明るい振る舞いを求められるかも。

Ⓒを選んだ人……〝保守的上司〟にかわいがられる！

あなたは協調性があり、上司からはかわいがられやすいタイプ。とくに、保守的で上下関係にこだわる上司は、あなたから素直に慕っていけば、かわいがってくれるでしょう。部下に対して口うるさい上司でも、あなたのことは高く評価してくれそうです。とくに経理や総務系の上司にかわいがられそう。

しかし、やる気のある部下や即戦力となるような部下を評価する上司には、あまり興味を持ってもらえないかもしれません。「頼りない」とか「使えない」と言われてしまう可能性あり。

Ⓓを選んだ人……〝物静かな技術系上司〟に評価される！

あなたは誠実に仕事に取り組む人。派手にアピールするより、黙ってよい仕事をして〝成果〟で勝負しようとする、職人気質なところがあります。思慮深く落ち着いたところのある上司から、実力通りの評価を受けるでしょう。物静かな技術系の上司にはとくに好まれそう。

しかし、会話の中にひんぱんに「私は」「オレは」という主語が出てくるようなアグレッシブな上司からは、あまりよい評価は得られないかもしれません。「コミュニケーションがとりにくい」とか、「話にならない」などと言われてしまう可能性があります。

Ⓔを選んだ人……〝体育会系上司〟に育てられる！

あなたは、人より数倍大きい〝度胸〟のある人。行動力のある部下を好む上司や、安心して仕事を任せられる部下を求める上司からは、高く評価されるでしょう。野心の強い営業系の上司や、度量が大きく太っ腹な上司の下につくと、いかんなく力を発揮できます。

しかし、考え方が保守的でルールに厳しい上司は、あなたのことを生意気と感じるかも。たとえ仕事の実力はあっても、「協調性がない」「スタンドプレーに走りがち」などと、否定的な評価を下される可能性も。

Test 47

あなたの知らないうちに、仲間が楽しい集まりを!?

親しい友人や仲間を集めて、みんなで親睦会をやろうということになりました。
ところが、あなたの知らないうちに親睦会が開かれ、次にみんなと会ったときには、周りはそのときの話題で持ちきりでした。

「えっ、自分だけ呼ばれなかったの?」と思っているうちに、その中の一人に、「どうして来なかったの?」と言われました。

さて、そのとき、あなたの心の中でわき起こった反応は?

Ⓐ何も言わず「いったい誰が自分をのけ者にしたのだろう」と考える

Ⓑ「自分はいないほうがいいのか」と悲しい気持ちになる

Ⓒ他にも友達や仲間はいるので別にどうこう思うことはない

Ⓓ内心ショックだけど、みんなの前では「あっ、そうなの」と平静を装う

Ⓔ「えー、何で声をかけてくれなかったの」とわざと大げさに言う

Test 47 診断

誘われなかった親睦会への反応から、あなたが「後輩や部下にどう思われているか」が見えてきます

仲間外れにされたと感じたときの反応は、ストレス時のあなたの心の動きを表わしています。そこから、**あなたが部下や後輩の前で見せる顔**がわかります。ここでは、あなたが部下や後輩からどう思われやすいかを診断しましょう。

Ⓐを選んだ人……「恐くて話しかけづらい……」

あなたは部下や後輩に「恐い」という印象を与えているようです。不快なことがあると自分では顔に出していないつもりでも、人にはそれが伝わってしまっています。面白くないことがあり、「気に入らないなあ」と思いながら戦略を練っているときや、自分にたてつく相手に密かにリベンジを考えているようなとき、あなたはとても恐い上司。

部下や後輩を恐れさせないよう、つとめて笑顔を作りましょう。そして、職場では

たとえ当たり前のことであっても、彼らがしてくれたことに感謝とねぎらいの言葉をかけましょう。そうすれば慕われる上司になれるでしょう。

Ⓑを選んだ人……「ちょっと頼りにならないんだよね……」

あなたは、あまりあてにならない上司という印象を与えているよう。気分にムラがあり、それが職場でも人に伝わってしまっています。上機嫌のときは饒舌《じょうぜつ》で、仕事にも熱が入るけれど、不機嫌なときは、部下のこともあまり気にかけず、自分の世界に浸っているような感じです。

また、「言っていること」と「やっていること」が一致しないと思われていることもありそうです。話し方が要領を得ないと思われているかもしれません。部下や後輩に対する指示は、なるべく論理的に簡潔に。そして発言には一貫性を持たせましょう。

Ⓒを選んだ人……「フランクなのはいいけど、調子がよすぎる！」

あなたは、明るく気さくな上司という印象を与えているよう。ため口をきいても怒られなさそうな雰囲気。上下関係をそれほど意識させないので、親しみを感じるようです。

反面、自分のやりたくない仕事は部下や後輩に押し付ける〝調子のいい上司〟と思われる面もありそうです。また、皆が残業しているときでも、自分だけさっさと帰ってしまう無責任な上司という印象を持たれているかも。

「これ、面白いね」とノリで言うだけではなく、仕事の上でも尊敬される上司になりましょう。

Ⓓを選んだ人……「デキる人だけど、冷たいところがあるよね」

あなたは仕事のデキる上司という印象を与えているよう。仕事熱心で、部下や後輩に対しても、ビジネスライクに接するところがあるのでしょう。「有能な人間は評価するが、能力のない人間は評価しない」という雰囲気がにじみ出ています。

ダメな部下や後輩は容赦なく切る冷たい上司、自分の出世や成功のためには、人を踏み台にする上司と思われているかも。部下の前では、自分の手柄話や自慢話より、ちょっとした失敗談や悩みごとなどを話すと、親近感を持たれるでしょう。

Ⓔを選んだ人……**「いい人だけど、正直うっとうしいときも……」**

あなたは部下や後輩に親切な上司という印象を与えているようです。アットホームな感じで親しみやすく、話しやすいところがあるようです。こういうタイプの上司の前では、あまり緊張しなくて済むという感じです。

ただ、仕事以外のプライベートな話が多くなると、うっとうしがられます。あなたが親切のつもりで部下や後輩に言ったことや、やってあげようとしたことが、お節介と受け取られることがあるのです。柔らかい口調の中にも、上司としての微妙な「上から目線」が、部下や後輩の密かな反感を買うこともあるので注意しましょう。

時と場合によっては、ビジネスライクな距離の取り方をしたほうがいい場合もあります。

Test 48

けがをして入院。病室の窓から見えたものは？

けがをして、しばらく入院することに。

ベッドに横になったまま、
「退屈だなあ」と思いつつ、
病室の窓から外を眺めていると、
青い空の下、何かが飛んでいるのが見えました。

それは何？

Ⓐ 鳥

Ⓑ 飛行機

Ⓒ ビニール袋

Ⓓ 風船

Ⓔ ハンググライダー

Test 48 診断

窓の外から見える景色から、あなたの「人生観」がわかります

けがをして病室に横たわっている人は、**ままならない人生を生きる私たち自身**の象徴。空の下に浮かんでいるものは、その人生をあなたがどうとらえているかを表わしています。

Ⓐを選んだ人……**「人生とは、永遠に終わらない〝実験〟だ！」**

あなたは人生の当事者であるより、観察者であろうとする人。まさに〝空を飛ぶ鳥〟の目線で、世俗から離れて、世界で起こっていることを客観的にとらえようとするところがあります。あなたが知りたいのは、「いったい何が真実なのか？」ということ。私利私欲にとらわれず、物事を偏りのない目で見られます。

そんなあなたには、探究心を満足させるような研究者や開発者、情報に関わるＩＴ系の仕事や活動が向いています。

Ⓑを選んだ人……「人生は〝欲しい物を手に入れる〟ためのレース！」

あなたにとって、人生とは〝目的地へと向かう旅〟。それも、ジェット機のように最短コースを通って、その目的地へ着陸するのが理想のよう。しかも、「よりハイレベルなものを手に入れるためには、手段を選ばない」という気持ちもあります。あなたは自分が得意とすることなら何であれ、そのジャンルで人よりすぐれた能力を発揮できるでしょう。

それだけの頑張りがきく人なので、やるべきことを誠実にこなしていけば、どのような環境でも立派なプロとして認められます。

Ⓒを選んだ人……「諸行無常……人生とはひたすら儚《はかな》いもの」

あなたは、人生を儚いものと感じているようです。まるで、風に舞いあがるビニール袋のように、耳障りな音をたてても、その中身は空っぽ。もしかしたら、自分の人生もそのように無意味なのではないかと思ってしまうことがあるよう。

しかし、そのような感じ方をする人だからこそ、人生や自然の中の〝一瞬の輝き〟

をも見逃さず、とらえられるのではないでしょうか。また、そういった輝きを表現するような、クリエイティブな資質に恵まれているようです。感じたことを、何か形にしてみませんか？

Ⓓを選んだ人……「不安定だけど〝なるようになる〟のが人生」

あなたにとって、人生は空に浮かぶ風船のようにふわふわしたもの。「どんなにあがいても、なるようにしかならない」と思っているでしょう。だったら、人に負けまいと必死になったり、人並み以上の豊かさや贅沢な暮らしを求めてあくせくするより、「なるようになるさ」と流れに任せたほうがよさそう――そんなふうに、飄々《ひょうひょう》と生きていくのかもしれません。

そんなあなたには、どんな人をも受け入れ、気持ちをラクにさせてあげられる資質が備わっているようです。癒し系の仕事や活動をしてみませんか？

Ⓔを選んだ人……「人生は一幕の〝エンターテイメント・ショー〟」！

ハンググライダーを選んだあなたにとって、人生は〝無限の可能性〟に満ちたもの。

まさに、人が空を飛べるほどに、「望むことは何でもできるはず！」と思っているようです。

どんなときにも希望を失わず、未来に対する明るい見通しを持ち、すべての人がもっとハッピーになれるはずと信じていることでしょう。人を明るい気持ちにさせ、元気づけてあげることができる人です。

人を楽しませるスポーツやエンターテイメント系の仕事や活動をしてみては？　きっとあなたの才能を目覚めさせられるはず。

Test 49

プロジェクトが失敗！
あなたがつぶやく一言は？

あなたは、あるイベントの企画担当になりました。
意欲的に取り組んだ仕事ですが、
ふたを開けてみると、あまり人は集まらず、
期待外れの結果に終わりました。
周りからは「失敗だったね」という声が聞こえてきます。

あなたは自分に言い聞かせるように、
心の中でつぶやきました。
そのセリフは、次のうちのどれでしょう？

Ⓐ「これは失敗ではなく、成功のためのステップにすぎない」

Ⓑ「何が悪かったか、しっかり反省点を洗い出してみよう」

Ⓒ「自分の読みが甘かった。しかし、二度と同じ失敗はしないぞ」

Ⓓ「また次があるし、今回、結果的にはこれでよかったのだと思う」

Test 49 診断

仕事を失敗したときの〝心の声〟から、あなたの「実力の伸ばし方」がわかります

あなたが選んだ〝心の中のセリフ〟は、自分で自分を励ます言葉。その言葉から、あなたが仕事でステップアップするためにどうすればいいのか、**「実力の伸ばし方」**をアドバイスします。

Ⓐを選んだ人……ほめて伸ばして！　自分で「ごほうび」を設定するのが◎

失敗を失敗と認めないあなたは、ほめられると伸びるタイプ。でも、人にほめてもらうというのは、あくまで受身のこと。自分で自分をほめられるような成功体験を積み重ねていくことが、あなたにとっては実力を伸ばすコツ。

一カ月から数カ月、長くて一年で達成できるような短期的な目標を立て、その目標をクリアしていきましょう。その際、失敗する可能性の高い目標ではなく、成功する可能性の高い目標を設定します。そして目標を達成するごとに、自分に「ごほうび」

をあげること。

Ⓑを選んだ人……〝上手な気分転換〟で効率もアップ！

反省するあなたは、コツコツ努力するタイプ。でも、努力しているわりには、思ったように実力が伸びず、悩むこともあるようです。

あなたは、何事も完璧にやろうとし、一つのことにこだわりすぎているのかも。実際、適当に手抜きをしたり、遊んでいる人のほうが自分よりうまくいっている……と感じたことはありませんか？　あなたにとっては、まさに適度に手を抜くこと、遊ぶことが必要なのです。上手な気分転換が、効率アップにつながります。

Ⓒを選んだ人……〝挑戦した経験〟が、次への自信につながる！

「二度と同じ失敗はしない」と誓うあなたは、経験を武器にできるタイプ。チャレンジ精神旺盛で、いったんやり始めたことには、全力を出し切ろうとする人です。

あなたにとっては、初めからうまくいきそうなことより、リスクの高いことのほうが、わくわくドキドキ感を感じられ、挑戦しがいがあると感じられるのでは？

失敗する可能性もあるけれど「価値のあること」に全力でトライするというのが、あなたの実力を伸ばすコツ。持てる力をすべて注ぎ込みましょう。

Dを選んだ人……万能だけど飽きっぽい？「一点集中」して！

物事を〝いいほう〟に解釈するあなたは、何でも器用にマスターし、そつなくこなせるタイプ。いろんなことに興味を持ち、異なるジャンルのことでも、同時にやれてしまうゼネラリスト（万能選手）的な面もあるようです。

反面、飽きっぽく、物事が長続きしない傾向があります。コツコツ努力している人が実力を発揮し始めたときに、あなたは何も蓄えがなく、中途半端だと気づくことにもなりかねません。「これは！」というものに集中し、そのことだけは、どんなに苦しくてもやり続けること。それが実力を伸ばすコツです。

Test 50

あなたがこれまで流した涙を、思い出してみると……

人はいろんなシーンで涙を流します。

あなたがこれまで流した涙で、〝このときばかりは、どうしても止められなかった〟という涙は、どんな涙だったでしょうか？

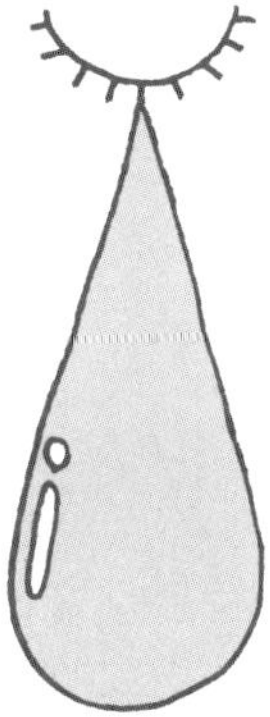

Ⓐ 悔し涙、許せないという怒りの涙

Ⓑ 悲しい、つらい、傷ついたというときの涙

Ⓒ 嬉しい、感動したというときの涙

Ⓓ おかしくて、笑いが止まらず、つい涙

Test 50 診断

流した涙の「理由」から、あなたが「人生で一番恐れていること」がわかります

あなたの中の一番リアルな感情を表わすのが、他でもない「涙」。どんな涙を流すかによって、**あなたが人生で一番恐れていること**が見えてきます。また、その恐れから逃れるために、何を求めるかがわかります。

Ⓐを選んだ人……「誰かの操り人形」にだけはなりたくない!

〝人の言いなり〟になるのが何より嫌。何事も自分で決め、行動したいあなたにとって、自分の運命や行き先を〝他の誰か〟に左右されることは許せない事態です。たとえば、親の反対や会社の意思など、自分の力を超えたものに人生を支配されるのは、絶対避けたいと感じているでしょう。

あなたが求めているのは、精神的にも経済的にも自立した生き方。人から干渉されたくない代わりに、すべてを自己責任として引き受ける覚悟があるはず。そのため、

前向きに努力し、人一倍勤勉に働くでしょう。

Ⓑを選んだ人……「ありふれた」人生なんて、何の意味もない！

「唯一無二」の人生を送りたいあなた。もしも〝その他大勢〟の一人として、自分が取るにたらない一生を終えるとしたら、むなしいものだと感じてしまいます。他の人と〝取り換えのきく〟人生、そんなの嫌！　というわけです。

あなたは、自分の個性が認められることを何より望んでいます。あなたにとって、今の自分は〝本当の自分〟ではない。〝本当の自分〟は、「今ここ」ではないどこかにいるはずという気持ちがありそうです。あなたの「自分探し」はまだまだ続くでしょう。

Ⓒを選んだ人……「愛されない」人生ほど寂しいものはない……

あなたが恐れているのは〝愛されないこと〟。自分が欲しいだけの愛情を受けとれないこと、無視されることを、いつも潜在的に恐れています。

そんなあなたは、自分が価値ある人間になりさえすれば、他人は自分に関心を持つはずだと考えています。そして人から好かれるために、自分を磨き、魅力的な人間であろうとするでしょう。仕事のできる人、外見的に魅力のある人、役に立つ人、人を喜ばせることのできる気配りの人……。

あなたにとって、他人は〝自分を写す〟鏡のようなもの。そのため、人にどう思われるかを常に気にし、よい印象を与えようとするでしょう。

Ⓓを選んだ人……「お金がない」のだけは耐えられない！

あなたは、「お金さえあれば、人生何でもできる！」という考え方の持ち主。「地獄の沙汰《さた》も金次第」と思っているところがあって、金持ちは自由に好き放題に生きているように見える。貧しいと自由に生きられないと感じ、自分もお金持ちになりたいと望んでいます。

あなたが求めているものは、もちろんお金そのものではなく、それを通して得られる自由であり、好きなことができる幸せです。でも、はたしてお金さえあれば、本当に自由と幸福が手に入るのかどうか……。その疑問は、あなたが本当に大金を所有したときに、解けるのかもしれませんね。

本書は、本文庫のために書き下ろされたものです。

面白《おもしろ》すぎて時間《じかん》を忘《わす》れる心理《しんり》テスト

著者　中嶋真澄（なかじま・ますみ）
発行者　押鐘太陽
発行所　株式会社三笠書房
〒102-0072 東京都千代田区飯田橋3-3-1
電話　03-5226-5734（営業部）03-5226-5731（編集部）
http://www.mikasashobo.co.jp
印刷　誠宏印刷
製本　ナショナル製本

ISBN978-4-8379-6652-4 C0111

王様文庫

心にズドン！と響く「運命」の言葉

ひすいこたろう

本書は、あなたの人生を変える54のすごい言葉に心温まるエピソードを加えた新しい名言集。成功する人は成功する前に「成功する言葉」と、幸せになる人は幸せになる前に「幸せになる言葉」と出会っています！　1ページごとに生まれ変わる感覚を実感して下さい。

「いいこと」がいっぱい起こる！ブッダの言葉

植西 聰

怒りも迷いもカラッと晴れる、毎日を楽しく生きるための最高の指南書！　ブッダの死後、ブッダの言葉を生で伝えたとされる最古の原始仏典『ダンマパダ（真理の言葉）』が、わかりやすい現代語に。数千年もの間、人々の心を照らしてきた〝言葉のパワー〟をあなたに！

大人もぞっとする【初版】グリム童話

由良弥生

まだ知らないあなたへ――「メルヘン」の裏にある真実と謎●魔女（実母？）に食い殺されそうになったグレーテルの反撃……【ヘンゼルとグレーテル】●シンデレラが隠していた恐ろしい「正体」……【灰かぶり】●少女が狼に寄せるほのかな恋心……【赤ずきん】……ほか全9話！

K30241

王様文庫

手相術
自分の運命が一瞬でわかる

高山東明

なぜ幸せな人ほど、手相をみるのか？　恋愛・仕事・お金・健康・才能…人生がガラリ好転する方法とは？　藤原紀香さん・ヨン様・故ダイアナ妃、松坂大輔選手、宮里藍選手、石川遼選手や各界の大物52万人を占った東明先生の、あなたのためのアドバイス！　この面白さ、詳しさは圧倒的！

怖いくらい当たる「血液型」の本

長田時彦

A型は几帳面、O型はおおらか――その〝一般常識〟は、かならずしも正確ではありません！　でも、一見そう見えてしまう納得の理由が〝血液型〟にはあるのです。血液型の本当の特徴を知れば、相手との相性から人付き合いの方法までまるわかり！　思わずドキっとする〝人間分析〟の本。

「生まれた日」占い

はづき虹映

誕生日の数字に、運命を知る〝カギ〟がある！　50万人以上が「コワいほど当たる！」と大絶賛！　生まれた「日にち」だけで、性格、恋愛・結婚、仕事、相性、注意点、前世までですべてわかる！　友達、家族、好きな人、気になる人の「本当の姿」が〝透けて〟見えます。

K30242

知りたいこと全部!
心の“フシギ”を発見する50問
王様文庫
パーソナリティー研究家
中嶋真澄
面白すぎて
時間を忘れる
心理テスト
HYPER
【ハイパー】

ページをめくるたび、
心にズドンと命中!?

*こんな「気づかなかった自分」が!
〝裏の性格〟から金銭感覚、
精神年齢まで——

*あなたの「恋」はどうなる?
気になる相性、浮気度、束縛度……

*心の奥〟がわかれば、
「人づきあい」もラクラク!
もっと「近づきたい」、そのときに!

*〝これから先の人生〟へのヒント!
適職、サバイバル能力……
すぐ試してみたくなる!

深層心理からのメッセージで…
〈衝撃の真実〉が明らかに!?

K10036